AF588693

FACULTÉ DE DROIT DE L'UNIVERSITÉ DE TOULOUSE

DE LA
TUTELLE DES ENFANTS NATURELS

THÈSE POUR LE DOCTORAT

PAR

Jean BOYREAU
AVOCAT

TOULOUSE
MPRIMERIE MARQUÈS & Cie, BOULEVARD DE STRASBOURG, 22

1900

FACULTÉ DE DROIT DE TOULOUSE

MM. PAGET, ✻, DOYEN, professeur de Droit romain.
DELOUME, ✻, professeur de Droit romain.
CAMPISTRON, professeur de Droit civil.
WALLON, professeur de Droit civil.
BRESSOLLES, professeur de Procédure civile.
VIDAL, professeur de Droit criminel.
HAURIOU, professeur de Droit administratif.
BRISSAUD, professeur d'Histoire générale du Droit.
ROUARD DE CARD, professeur de Droit civil.
MÉRIGNHAC, professeur de Droit international public et privé.
TIMBAL, professeur de Droit constitutionnel.
DESPIAU, professeur de Législation française des finances et de Législation et Economie industrielles.
HOUQUES-FOURCADE, professeur d'Economie politique.
FRAISSAINGEA, professeur de Droit commercial.
MARIA, agrégé, chargé des Cours d'Histoire du Droit public français et Histoire des Doctrines économiques.
GHEUSI, agrégé, chargé des Cours de Droit maritime et de Droit civil comparé.
J. DELOUME, suppléant.
TRINQUAT, suppléant.
HABERT, secrétaire.
HUC, ✻, Conseiller à la Cour d'appel de Paris, professeur honoraire.
POUBELLE, O. ✻, professeur honoraire, ambassadeur.

PRÉSIDENT DE LA THÈSE : M. BRISSAUD.

SUFFRAGANTS { MM. Ant. DELOUME.
WALLON.

La Faculté n'entend approuver ni désapprouver les opinions particulières du candidat.

INTRODUCTION

Le législateur de 1804 a laissé complètement dans l'ombre la question de la tutelle des enfants naturels. Les textes sont absolument muets sur la matière et les travaux préparatoires attestent qu'il n'en fut même pas question lors de la discussion générale du Code.

Comment expliquer ce silence ?

Le droit intermédiaire trop fortement inspiré des principes nouveaux consacrés par la Révolution avait mis sur le même plan les enfants légitimes et les enfants naturels, en leur accordant les mêmes droits successoraux. Cette nouvelle situation faite aux enfants naturels par le droit révolutionnaire parut exhorbitante au législateur de 1804 qui, pénétré d'un violent esprit réformiste, n'accorda aux enfants illégitimes que des droits très réduits.

Sous l'empire du Code, en effet, l'enfant né hors mariage n'avait pas la qualité d'héritier (ancien art. 756); il ne pouvait acquérir dans la succession de ses père et mère qu'une très faible portion de biens (ancien art. 757); il n'avait droit à la totalité du patrimoine que dans le cas où ses père et mère ne laissaient pas de parents au degré successible (ancien art. 758); il ne pouvait rien recevoir par donations entre vifs ou par testament au-delà de ce qui lui était accordé au titre des successions (ancien art. 908); enfin l'enfant naturel n'avait pas droit à une réserve.

Des libéralités faites par des étrangers pouvaient, il est vrai, lui constituer des biens pendant la minorité, mais on comprend combien devaient être rares ces donations faites à un mineur, surtout lorsque ce mineur était un enfant naturel.

Dès lors, une organisation de protection tutélaire pour la sauvegarde d'intérêts aussi problématiques ne s'imposait pas.

Nous pensons qu'il ne doit plus en être ainsi depuis la loi du 25 mars 1896. La nouvelle législation modifie sensiblement au point de vue successoral la condition des enfants naturels :

Ils sont maintenant appelés en qualité d'héritiers (art. 756); leurs droits sont considérablement augmentés quand ils viennent à la succession de leurs père et mère et quand ils sont en concours avec des ascendants ou des frères et sœurs de leurs parents (art. 758 et 759); ils priment totalement les collatéraux (art. 760); ils peuvent sous certaines conditions recevoir par testament tout ou partie de la quotité disponible (art. 908); ils ont enfin droit à une réserve (art. 913 et 915).

La situation faite aux enfants naturels par la loi du 25 mars 1896 peut donc leur faire acquérir des droits importants.

Pour une position nouvelle, il faut des garanties nouvelles. La tutelle des enfants naturels qui, sous l'empire du Code civil, ne pouvait être que d'une application très rare, devient d'un grand intérêt pratique dans la nouvelle législation.

Cette considération nous a paru mériter une étude sur la tutelle des enfants naturels.

Nous diviserons notre travail en deux parties bien distinctes ; dans la première, nous nous occuperons des enfants naturels légalement reconnus en nous demandant quelles sont les espèces de tutelles qui leur sont applicables, quelle doit être leur organisation et en relevant les particularités qui découlent de la filiation naturelle.

Dans la seconde partie, nous traiterons de la tutelle des enfants naturels non reconnus, enfants simplement sans filiation connue, enfants adultérins ou incestueux et enfin enfants admis dans les hospices pour lesquels il existe d'ailleurs une tutelle spéciale.

PREMIÈRE PARTIE

De la Tutelle des Enfants naturels légalement reconnus.

Dans la question de la tutelle des enfants naturels, un accord unanime n'a jamais cessé d'exister parmi les nombreux auteurs sur un point de principe : c'est qu'il faut un tuteur au mineur illégitime comme au mineur légitime. « Demander si l'enfant naturel doit être pourvu d'un tuteur, écrivait Loiseau [1], c'est demander si cet enfant est faible et impuissant, si parce qu'il est illégitime la nature lui a donné dès sa naissance toute sa raison, toute l'expérience d'un homme avancé en âge ».

L'auteur du Répertoire de la nouvelle législation disait encore : « Les enfants naturels naissent faibles comme les enfants légitimes, comme eux ils ne parviennent que lentement à l'âge de raison ; comme eux ils ont de l'inexpérience et des passions ; ils ont donc besoin comme eux d'être protégés pendant leur minorité [2] ».

(1) Loiseau. *Traité des enfants naturels*, p. 537.

(2) Magnin. *Traité des minorités*, t. I, p. 382.

Incontestablement, la faiblesse est la même chez l'enfant légitime et chez l'enfant naturel et le législateur doit protection à tous ceux qui sont incapables de se gouverner et de se défendre ; c'est là un principe admis dans toutes les législations.

La nécessité d'une tutelle des enfants naturels est donc indiscutable. Mais à quel moment commencera cette tutelle ? Quelle espèce de tutelle devra-t-on lui appliquer ? Le silence complet du législateur sur la matière a laissé le champ libre aux commentateurs du Code civil : *Tot capita, tot sensus !*

Nous pensons, quant à nous, que c'est du but même de la tutelle que doit se dégager le principe général d'interprétation qui devra nous guider dans notre étude.

La tutelle est établie dans l'intérêt de l'incapable, c'est donc d'après cette règle que nous interprèterons et compléterons les lois qui la régissent[1].

La jurisprudence a fait d'ailleurs une application constante de ce principe qu'un jugement du tribunal de Tarbes, confirmé par la Cour d'appel de Pau le 13 février 1822, proclame « une règle dominante et unique qui doit servir de guide aux tribunaux »[2].

Dans le même jugement, après avoir fait un rapprochement entre la situation de l'enfant naturel et la situation de l'enfant légitime dont les parents sont divorcés, on conclut que le pouvoir discrétionnaire laissé aux tribunaux sera

(1) Aubry et Rau, t. I, § 89, p. 369.
(2) Pau, 13 février 1822. S. 1823, II, 89.

exercé par eux « pour le plus grand avantage de l'enfant ».

Nous pensons donc que dans cette matière toute spéciale où il est traité des mesures de protection pour défendre un incapable, c'est l'intérêt du mineur qui doit nous préoccuper avant tout; et que le mineur soit légitime ou non, il a droit à l'appui de la loi, par cela seul que la loi n'a pas distingué[1].

Toutefois, l'application de notre principe d'interprétation ne doit pas nous faire méconnaître le but du législateur qui a été d'honorer le mariage et de flétrir les relations illégitimes.

Mais toutes les fois que nous le pourrons, sans violer les textes et sans porter atteinte à la dignité du mariage, nous pénétrant du principe dominant dans la matière, nous appliquerons aux enfants naturels les mêmes dispositions légales protectrices qu'aux enfants légitimes.

A côté de la loi positive et avec l'intention de les faire marcher de pair, nous appliquerons cette loi morale qui veut que le plus faible et le plus abandonné soit le plus défendu et le plus protégé. Les enfants naturels ont les mêmes droits que les enfants légitimes vis-à-vis de ceux qui les ont reconnus : à la parenté naturelle la reconnaissance ajoute une parenté civile, qui leur donne le droit d'exiger les simples mesures protectrices.

(1) Loiseau. *Traité des enfants naturels*, p. 531.

CHAPITRE PREMIER

Ouverture de la Tutelle des Enfants naturels.

La tutelle des enfants légitimes ne s'ouvre qu'à la dissolution du mariage de leurs père et mère. Jusqu'à ce moment, le père est administrateur légal des biens de son enfant mineur.

Ce droit d'administration légale existe-t-il au profit des père et mère naturels ?

Si oui, on devra reculer l'éventualité d'une tutelle jusqu'à l'arrivée de certains événements, jusqu'à la mort de l'un de ses auteurs, par exemple, dans l'hypothèse où l'enfant naturel a été reconnu par le père et par la mère.

Si, au contraire, on refuse aux parents naturels le droit d'administration légale, le droit de tutelle naîtra avec l'enfant, et l'enfant naturel sera, en principe, en tutelle à partir de sa naissance.

Peut-on, en un mot, appliquer aux parents naturels l'article 389 du Code civil constitutif du droit d'administration légale ?

Nous allons examiner ce point dans une première section ; nous examinerons dans une deuxième section une question corrélative de la première et qui consiste à savoir si on doit accorder aux pères et mères naturels le droit de jouissance légale sur les biens des mineurs que l'article 384 confère formellement aux pères et mères légitimes.

SECTION PREMIÈRE

Droit d'Administration légale.

Il n'existe aucun texte accordant aux parents naturels le droit d'administration légale sur les biens de leurs enfants mineurs. Cette simple constatation constitue à elle seule un argument sérieux. Comment concevoir, en effet, une administration dite « légale » sans une loi, un texte formel pour lui donner cette qualité [1] ?

Il n'existe qu'un seul article établissant le droit d'administration légale au profit des parents légitimes, c'est l'article 389. Peut-on étendre cette disposition aux parents naturels ? Nous ne le pensons pas.

L'article 389 est formel et ne peut laisser de doute. Le législateur a dit, en effet : « Le père est durant le mariage administrateur des biens personnels de ses enfants mineurs. Il est comptable quant à la propriété et aux revenus des biens dont il n'a pas la jouissance et quant à la propriété seulement de ceux des biens dont la loi lui donne l'usufruit ».

(1) Demolombe, t. VI, p. 515.

Les mots « durant le mariage » excluent explicitement les parents naturels. On ne peut voir, nous semble-t-il, dans cet article qu'une concession de droit positif faite nominativement au père légitime ; le législateur, en le circonscrivant ainsi, en a incontestablement exclu les père et mère des enfants nés hors mariage [1].

Les textes enlèvent aux parents naturels le droit d'administrer les biens de leurs enfants : l'esprit de la loi est dans le même sens.

Dans la rédaction primitive, en effet, le chapitre de la tutelle commençait à l'article 390 ; il n'était rien dit du droit d'administration légale. Les rédacteurs du Code avaient gardé le silence sur ce point parce qu'ils supposaient que l'administration paternelle resterait dans le nouveau droit ce qu'elle était dans l'ancien. Donc, un article s'imposait pour régler la manière dont seraient administrés les biens de l'enfant pendant le mariage, et l'article 389 fut spécialement créé dans cette hypothèse.

En son absence, il eut fallu donner à l'enfant un tuteur pour administrer ses biens et ce tuteur eut été le père. Le législateur n'a pas voulu qu'il en fut ainsi, il a fait de l'article 389 un article de faveur pour les pères et mères légitimes. Le Tribunat ne laisse aucun doute sur ce point : nous lisons, en effet, dans les observations de cette assemblée :

« La section pense que le premier article du chapitre (de la Tutelle) doit énoncer en termes précis qu'elle est durant le mariage la qualité du père par rapport aux

(1) Chardon, *Traité des trois puissances*, t. II, p. 101.

biens des enfants mineurs... jamais le père n'a été qualifié de tuteur de ses enfants avant la dissolution du mariage.

« Si, pendant le mariage, la loi n'admettait aucune différence entre le père et le tuteur, il faudrait donc que le père fut, par rapport aux biens des enfants, assujetti pendant le mariage aux conditions et charges que la loi impose aux tuteurs ; il faudrait que le père fut sous la surveillance d'un subrogé-tuteur, sous la dépendance d'un conseil de famille, etc., ce qui répugne aux principes constamment admis. Jusqu'à la dissolution du mariage, le véritable rôle du père est celui d'administrateur [1]. » C'est sur cette observation qu'est fondée la disposition de l'article 389.

Si nous comparons, en effet, la situation du tuteur à celle de l'administrateur légal, nous n'aurons pas de peine à démontrer que ce dernier a tout l'avantage. Tandis que les biens du tuteur sont grevés de l'hypothèque générale de l'article 2121 du Code civil, les biens de l'administrateur ne sont grevés d'aucune charge hypothécaire.

La tutelle comporte le contrôle permanent d'un subrogé-tuteur et d'un conseil de famille, l'administration légale n'est soumise ni à l'un ni à l'autre.

Toutes les causes de dispenses, d'incapacités, d'exclusions ou de destitutions qui existent pour la tutelle n'existent pas pour l'administration légale [2].

(1) Fenet. *Recueil des travaux préparatoires du Code civil*, t. X, p. 608. — Locré. *Législation civile et comm.*, t. VII, p. 215.

(2) Demolombe, t. VI, p. 319. — Laurent. *Principes de droit civil français*, t. IV, p. 401. — Aubry. *Revue de droit français et étranger*, année 1834, pp. 666 et suiv. — Aubry et Rau. t. I, § 123, p. 502 et note 11.

De cette comparaison résultent une diminution de garanties pour le mineur et un ensemble de faveurs pour l'administrateur légal; l'une et l'autre s'expliquent et se justifient.

Le législateur a pensé, en effet, qu'il y avait dans les conditions d'existence des pères et mères légitimes des garanties suffisantes. Le plus souvent unis dans une communauté d'intérêts et d'affection, le père et la mère exerceront sans le vouloir l'un vis-à-vis de l'autre le plus vigilant des contrôles. De ce désir commun d'assurer le bonheur de leur enfant naîtra une garantie naturelle et morale plus forte qu'aucune garantie légale. L'amour, la prudence, la prévoyance des père et mère réunis, se consultant l'un l'autre sur les intérêts de leur enfant commun, remplaceront avec succès la protection que le mineur peut trouver dans une assemblée composée de parents éloignés ou meme d'étrangers. Cette vigilance de tous les instants née de l'amour maternel sera plus efficace que le contrôle du plus scrupuleux des subrogés-tuteurs.

Il n'y a donc pas en fait diminution de garanties pour l'enfant et les avantages pour le père administrateur légal se justifient.

Pourrions-nous en dire autant s'il s'agissait des père et mère naturels ? Leur condition d'existence offre-t-elle des garanties suffisantes ?

§ 1. — L'enfant naturel a été reconnu par le père et la mère.

Cette hypothèse, et ce sera la plus rare, est celle qui est prévue pour les enfants légitimes par l'article 389 du Code civil; les père et mère sont vivants. Peut-on, par analogie de motifs, accorder au père naturel le droit d'administration légale ? Les raisons qui ont déterminé le législateur à attribuer ce droit aux parents légitimes font ici complètement défaut. Les parents naturels vivent le plus souvent éloignés l'un de l'autre et sans espoir même d'union légale; leur reconnaissance est un aveu péniblement arraché et, libres l'un vis-à-vis de l'autre, aucune communauté d'intérêts n'existe entre eux. Nous ne prétendons pas que la mère naturelle sera dépourvue de sollicitude et d'amour pour son enfant; nous lui supposons autant de tendresse maternelle qu'à la mère légitime, mais nous pensons qu'à raison même des conditions d'existence, il lui sera difficile de remplacer vis-à-vis du mineur le contrôle du subrogé-tuteur.

Pour ces raisons encore, les père et mère naturels ne pouvaient pas inspirer au législateur autant de confiance que les père et mère légitimes; ils étaient suspects, au contraire, par le fait même de leur situation irrégulière.

§ 2. — L'enfant n'a été reconnu que par l'un de ses auteurs.

Dans cette hypothèse, la question de savoir si le droit d'administration légale doit être attribué aux parents naturels ne saurait se poser. L'enfant naturel n'a légalement qu'un auteur : son père ou sa mère; c'est le cas prévu par l'article 390 du Code civil, lorsque le mariage a été dissous par la mort du père ou de la mère; c'est à ce moment que commence la tutelle légale pour l'enfant légitime. Nous verrons plus loin s'il doit en être ainsi pour l'enfant naturel.

Nous refusons donc le droit d'administration légale aux parents naturels pour les raisons que nous venons d'exposer; le texte même, l'esprit de la loi ensuite, repoussent toute tendance d'assimilation sur ce point avec les parents légitimes.

Nous argumentons encore de l'intérêt du mineur qui doit dans la matière nous servir de guide[1]. La nécessité d'un subrogé-tuteur, d'un conseil de famille et de l'hypothèque légale de l'article 2121, constituent des garanties indispensables pour la sauvegarde des intérêts de l'enfant illégitime.

La doctrine et la jurisprudence[2], si divisées en cette matière de tutelle des enfants naturels, s'est accordée presque unanimement sur le point que nous venons d'examiner. Quelques auteurs[3] cependant sont d'avis contraire, et parmi eux M. Laurent. Le savant auteur belge fonde sa conviction sur ce que le droit d'administration légale est un attribut de la puissance paternelle et que tous les droits que fait naître la puissance paternelle, y compris le droit d'administration légale, doivent être, d'après lui, accordés aux pères et mères naturels.

(1) Demolombe, t. 6, p. 529.

(2) Pau, 13 février 1822; S. 1823, II, 89. — Paris, 28 juillet 1892, S. 1893, II, 24. — Paris, 17 mars 1897, D. 1897, II, 215.

(3) Laurent. *Principes de droit civil français*, t. IV, p. 468. — Taulier. *Théorie raisonnée du Code civil*, t. II, p. 18. — Vigié. *Cours élémentaire de droit civil français*, t. I, p. 419. — Dalloz. *Code civil annoté*, art. 389; Rep. v° Puissance paternelle, n°s 195 et 196 — Comp.: Huc. *Commentaire théorique et pratique du Code civil*, t. III, p. 245.

Nous répondrons que la puissance paternelle n'engendre pas un faisceau de droits si intimément liés entre eux qu'il ne s'en puisse détacher certains. Parmi ces droits, il en est certainement qui, tenant à l'essence même de cette puissance, ne peuvent en être démembrés (argument de l'art. 6 du Code civil); tels sont les droits sur les soins de la personne et sur la garde de l'enfant. Mais il en est d'autres qui peuvent s'en détacher et parmi eux se trouve le droit d'administration légale[1].

L'article 387 du Code civil, dans sa partie finale, annonce d'une façon formelle que le droit de jouissance légale ne s'étendra pas aux biens « donnés ou légués sous la condition expresse que les père et mère n'en jouiront pas ». Pourquoi la même clause restrictive ne pourrait-elle pas s'appliquer au droit d'administration légale ? Sur quelle raison juridique se fonder pour établir qu'un donateur ou testateur ne pourrait pas léguer des biens à un mineur sous la réserve que ses père et mère n'auront pas sur ces biens le droit d'administration légale ? Nous pensons avec la majorité des auteurs et la jurisprudence, qu'une telle clause est possible et que le droit d'administration légale peut être détaché des attributs que confère la puissance paternelle.

Si le père et la mère sont tous les deux dans l'impossibilité d'administrer les biens de leurs enfants, le tribunal pourra en vertu de son pouvoir discrétionnaire, confier ce soin à une tierce personne. Ce tiers ne sera pas pour cela un tuteur, il restera administrateur. Il peut donc arriver

(1) Aubry et Rau. *Cours de droit civil français*, t. 1, § 123, note 15.

que le père ou la mère n'administrent pas les biens de leurs enfants ; il se peut que ces biens soient administrés par un autre sans que la loi voit dans cette circonstance un échec à la puissance paternelle et une atteinte à l'ordre public.

M. Laurent[1] reconnait toutefois que si la loi confie au père l'administration des biens de ses enfants sans aucune garantie ni caution, ni hypothèque, c'est qu'il y a une garantie morale dans le mariage.

Il avoue que cette garantie n'existera pas pour l'enfant naturel, mais il affirme qu'elle sera remplacée par celle que l'enfant trouvera dans l'affection de ses père et mère. L'affirmation nous parait gratuite et il nous semble avoir démontré que la condition d'existence des parents naturels constituait un danger pour les intérêts de leur enfant mineur.

SECTION II

Droit d'usufruit légal.

Les pères et mères naturels ont-ils le droit à l'usufruit légal établi par l'article 384 du Code civil en faveur des pères et mères légitimes ?

Cette question a des rapports étroits avec celle que nous avons examinée dans la section précédente ; nous pensons devoir y répondre par la négative. Un usufruit, dit légal,

(1) Laurent, t. IV, p. 468.

ne saurait exister sans un texte l'établissant ; c'est un don de la loi positive et il ne peut exister que là où la loi l'établit expressément. Or, il existe un article qui l'établit pour les parents légitimes et il n'y en a aucun qui l'accorde aux parents naturels. En outre, non seulement aucun texte n'attribue à ceux-ci le droit d'usufruit, mais encore l'article 384 le leur refuse par voie d'exclusion. L'article 384 dit que le père « durant le mariage » et « après la dissolution du mariage », le survivant des père et mère auront le droit de jouissance légale sur les biens de leurs enfants, et l'article 386 ajoute que cette jouissance n'aura pas lieu au profit de celui des père et mère contre lequel « le divorce aura été prononcé et qu'elle cessera à l'égard de la mère dans le cas de second mariage ».

Les termes employés par le législateur dans ces deux articles impliquent incontestablement comme condition essentielle de l'usufruit légal l'existence du mariage et, par suite, la légitimité des enfants dont les biens seront grevés du droit d'usufruit. L'interprétation grammaticale des textes exclue donc les pères et mères des enfants nés hors mariage.

L'esprit de la loi d'ailleurs est dans le même sens. Nous ferons remarquer [1], en effet, qu'après avoir établi, au titre de la puissance paternelle, les droits du père légitime sur la personne de son enfant, le législateur détermine dans l'article 383 les droits de même nature des pères et mères naturels, et immédiatement après, il établit dans l'article 384 les droits de jouissance légale en faveur des parents légi-

(1) Laurent, t. 4, p. 469.

times, tandis qu'il reste muet sur ce point, en ce qui concerne les parents naturels. De la place toute particulière assignée à l'article 383, de l'ordre général des articles du Code, sur cette matière, nous paraît résulter l'exclusion des pères et mères naturels du droit d'usufruit légal.

D'autre part, l'étude des travaux préparatoires atteste qu'il existait dans le projet du titre de la puissance paternelle, un article ainsi conçu : « Les articles du présent titre seront communs aux père et mère des enfants naturels légalement reconnus [1]. » Si on avait conservé cette rédaction, il serait résulté que tout le titre de la puissance paternelle, y compris les articles qui constituent l'usufruit légal auraient été applicables aux pères et mères naturels. Or, tout porte à croire que c'est là précisément ce que le législateur voulait éviter, et à la rédaction primitive du projet fut substituée pour cette raison celle de l'article 383.

Le droit de jouissance légale est une récompense; on comprend que le législateur en ait fait profiter les parents légitimes. On ne comprendrait pas qu'il ait accordé cette même faveur aux parents naturels et qu'il ait mis à ce point de vue sur la même ligne le mariage et le concubinage [2].

Les raisons qui justifient l'usufruit paternel pour le père légitime n'existent pas pour le père naturel; bien mieux, il y a des motifs qui expliquent suffisamment qu'on ait exclu les pères et mères naturels de ce droit de jouissance légale.

(1) Locré. *Législation civile, commerciale et criminelle*, t. 7, p. 14.

(2) Laurent. t. IV, p. 470. — Aubry et Rau. t. VI, § 571, p. 214, note 18.

Un des plus sérieux, à notre avis, a été d'éviter des reconnaissances frauduleuses [1]; nous aurions pu écrire scandaleuses. Voilà un père qui n'a pas jugé bon pendant longtemps de reconnaître son enfant et c'est le jour où cet enfant possède des biens, et ce jour-là seulement, qu'il sentirait le besoin de réparer la faute et de donner son nom à celui qu'il a si longtemps méconnu [2] !

Mais ce ne serait rien moins qu'une prime au scandale et le législateur ne pouvait en admettre la possibilité.

Et mieux encore, si alléchés par les avantages pécuniaires à retirer de l'exercice du droit de jouissance légale plusieurs prétendants à la paternité s'étaient spontanément révélés ? Comment établir entre ces divers coureurs de reconnaissances des degrés de faveur? L'usufruit paternel devenait simplement le prix de la course. Un pareil état de choses ne pouvait exister.

D'autres raisons encore expliquent que le législateur n'a pas voulu appliquer aux père et mère des enfants naturels l'article 384 du Code civil.

Il y a peu d'inconvénients à augmenter la fortune des père et mère légitimes aux dépens de leurs enfants puisque ceux-ci doivent normalement retrouver cette augmentation de fortune dans la succession de leurs parents. Pour les enfants naturels il ne saurait en être ainsi ; n'ayant pas les mêmes droits que les enfants légitimes à la succession de

(1) Demolombe, t. VI, p. 513.

(2) Magnin. *Traité des minorités*, t. I, p. 230. — Demolombe. t. VI, p. 526. — Valette sur Proudhon. *Traité sur l'état des personnes*, t. II, p. 253.

leurs père et mère, ils ne seraient pas complètement indemnisés de la perte de leurs revenus; en dépit de l'extension donnée aux droits successoraux des enfants naturels par la loi du 25 mars 1896, il faut convenir que cet argument conserve néanmoins quelque valeur.

La non application du droit de jouissance légale aux parents naturels s'expliquerait encore par l'axiome : *Nemo debet ex delicto emolumentum consequi* [1].

Quant à nous, nous ne ferons pas état de l'application de ce principe. Y a-t-il vraiment un délit dans le fait de reconnaître un enfant? Et en supposant qu'il y ait délit, n'est-il pas réparé et effacé par la reconnaissance?

Dans l'hypothèse où le père naturel est tuteur de son enfant, il se peut très bien que les droits d'éducation et d'administration des biens du mineur soient réunis sur sa tête; mais il n'aura jamais aucun droit à l'usufruit et il aura à rendre compte, à la fin de sa gestion, de la propriété et des revenus. Si, durant sa gestion, le père naturel épouse la mère légalement connue et que par suite il légitime l'enfant, il aura droit à partir de ce moment à l'usufruit légal; mais la légitimation n'aura, à ce point de vue, aucun effet rétroactif et le père naturel sera redevable des revenus antérieurs à son mariage.

Quelques auteurs [2] ont été d'avis contraire sur la question que nous venons d'examiner.

(1) Marchand. *Code de la minorité*, p. 230. — Dalloz, Rep. v° Puissance paternelle, n° 196.

(2) Loiseau. *Traité des enfants naturels*, p. 550. — Salviat. *De l'Usufruit*, t. II, p. 140. — Favard de Langlade. Repertoire, v° Enfant naturel, § 2, n° 2.

D'après eux, l'usufruit paternel est un attribut de la puissance paternelle et il doit, de ce fait, appartenir aux parents naturels aussi bien qu'aux parents légitimes.

Nous répondons à cette objection que l'usufruit paternel est, en effet, un des attributs de la puissance paternelle, mais qu'il peut en être détaché ; nous tirons argument pour affirmer cela de l'article 387 du Code civil, qui reconnait parfaitement valable la clause par laquelle un testateur ou un donateur lègue ou donne un bien à un mineur sous la condition expresse que les parents n'auront pas sur ce bien le droit d'usufruit.

Nous acceptons que le droit de jouissance légale est une conséquence de la puissance paternelle, mais nous pensons que ce n'est pas une conséquence forcée, et à l'appui nous invoquons l'article 1442 du Code civil qui prévoit le cas de perte de l'usufruit légal, lorsque l'un des survivants n'a pas, à la dissolution de la communauté, fait l'inventaire exigé par la loi [1].

D'après Loiseau [2], l'usufruit paternel n'est qu'une juste compensation ; il a été accordé au père pour l'indemniser des aliments et des soins d'éducation qu'il est tenu de donner à son fils. Les mêmes devoirs incombant au père naturel, il est juste que ce dernier puisse compter sur la compensation qui est dans le droit de jouissance légale.

Si cette question de compensation est un des motifs qui

(1) Aubry et Rau, t. I, § 123, note 15. —Duranton, t. III, p, 354. — Valette sur Prudhon, t. II, p. 283. — Vazeille. *Du Mariage*, t. II, p. 458. — Cassation, req. 11 novembre 1828, S. 1830, 1, 78, et 26 mai 1856, S. 1856, 1, 682.

(2) Loiseau. *Traité des enfants naturels*. p. 551.

ont servi à établir l'usufruit paternel, il faut convenir qu'il n'est pas le seul ; du reste, pour nous qui n'accordons pas au père naturel les prérogatives de l'article 389, cette raison perd beaucoup de sa valeur, car il faut reconnaitre que l'usufruit paternel sert aussi et surtout à indemniser le père des soins que nécessite l'administration des biens de son enfant mineur.

A l'exception toutefois des auteurs que nous venons de citer, un accord unanime s'est fait sur la question dans la doctrine [1].

La jurisprudence, dans une espèce intéressante, a fait application du système qui refuse aux parents naturels tous droits de jouissance légale.

Une demoiselle L...... fille naturelle du sieur L..... et de la demoiselle E....., fut instituée en 1820 légataire d'une fortune considérable. Jusqu'à ce moment la demoiselle E....., quoique mariée depuis la naissance de cet enfant avec le sieur Q...., l'avait conservée avec elle et l'avait élevée sans que le père naturel L..... ait contribué aux moindres frais. On nomma comme tuteur à la mineure le sieur Q..... Le père naturel, se rappelant fort à propos

(1) Delvincourt, t. I, p. 250. — Toullier, nos 973 et 1075. Valette sur Proudhon, t. II, p. 252. Proudhon, *de l'usufruit*, t. I, p. 124. — Durandon, t. III, p. 353. — Rolland de Villargues, S. 1813, t. II, 19. — Marcadé, t. II, p. 190. — Vazeille, *du mariage*, t. II, p. 477. — Richefort, *Etat des familles*, t. II, p. 273. — Chardon, *Les trois puissances*, t. II, p. 101. — Magnin, *Traité des Minorités*, t. I, p. 230. — Ducaurroy, t. I, p. 445. — Cadrès, *Des enfants illégitimes*, p. 216. Demante, t. II, p. 212, no 138 bis. — Demolombe, t. VI, p. 513. — Aubry et Rau, t. VI, § 571. — Hue, t. I, p. 194. — Baudry-Lacantinerie, t. I, p. 711. — Dalloz, supplément, Vo *Puissance paternelle et usufruit légal*, no 135.

sa paternité, se pourvut devant le tribunal de Tarbes en nullité de cette nomination de tuteur et réclama pour lui la garde de la personne de sa fille et surtout l'usufruit légal des biens qu'elle venait de recueillir. Par son jugement du 5 juin 1820, le tribunal de Tarbes débouta le demandeur et établit un des motifs sur ce fait que « L... ne paraissait jamais s'être occupé de sa fille naturelle, que c'est seulement quand cette dernière a eu acquis quelque fortune qu'il l'avait rappelée à son souvenir et qu'il avait cru pouvoir se procurer la jouissance de ses biens en invoquant les droits de jouissance paternelle ». Le jugement du tribunal de Tarbes fut confirmé par un arrêt de la Cour de Pau le 13 février 1822[1]. Plus tard en 1860 un arrêt fut rendu dans le même sens par la Cour de Caen[2]. Il résulte de cet arrêt que les parents naturels n'ont pas droit à l'usufruit légal, mais qu'ils pourront prélever sur les revenus du mineur une somme suffisante pour faire face aux frais de nourriture, éducation, logement et entretien de l'enfant.

Néanmoins, la solution que nous avons donnée et qui tend à exclure les parents naturels du droit d'usufruit légal ne fait en rien préjuger de la règle que consacre l'article 207 du Code civil qui établit d'une façon générale la réciprocité de la dette alimentaire[3].

Les père et mère naturels n'ont donc ni droit d'administration légale ni droit de jouissance légale ; il en résulte

(1) Pau, 13 février 1822, S. 1823, II, 89.

(2) Caen, 22 mars 1860, II, 640. Paris, 28 juillet 1892, S. 1893. II, 24, et D. 892, II, 544.

(3) Aubry et Rau. t. VI, § 571, p. 214, texte et note 19.

que les enfants naturels reconnus seront, en principe, en tutelle à partir de leur naissance [1].

Faut-il conclure de là qu'il faut nommer un tuteur à chaque enfant naturel qui vient au monde ?

Une semblable conclusion irait au-delà de notre pensée. En droit, l'enfant naturel est toujours en tutelle que ses parents soient vivants ou non ; qu'il ait été reconnu à la fois par son père et par sa mère ou seulement par l'un des deux. En fait, il n'en sera pas ainsi. On nommera un tuteur aux enfants naturels, quand leurs pères et mères ne seront plus là pour avoir soin de leur personne, de leur éducation et de l'administration de leurs biens, soit qu'ils ne soient plus vivants, soient qu'ils aient perdu par déchéance les droits de puissance paternelle.

Ou bien on organisera la tutelle de l'enfant naturel même du vivant de ses père et mère quand, ayant recueilli des biens, il aura besoin d'une protection tutélaire pour défendre et sauvegarder ses intérêts.

Dans ce second cas la tutelle ne s'ouvrira que du jour où le mineur aura des droits à exercer [2]; jusqu'à ce moment les droits de puissance paternelle dont les parents naturels sont investis, suffiront à l'administration de la personne de l'enfant.

(1) Aubry et Rau, t. VI, § 571, p. 213. — Marcadé, t. II, p. 190. — Huc, t. III, p. 192. — Taulier, t. I, p. 504. — Demolombe, t. VIII, p. 266. — Contrà, Favard de Langlade, Rep. v° *Enfant naturel*, § III, n° 2. — Laurent, t. IV, p. 525. — Vigié, t. I, p. 419. — Cass. civ. 10 novembre 1896, S. 1897, 1, 321.

(2) Marcadé, t. II, p. 190. — Ducaurroy, t. I, p. 415. — Demolombe, t. VIII, p. 266. — Laurent, t. IV, p. 525. — Huc, t. III, p. 292. — Galinier, *Des droits de puissance paternelle et de tutelle sur la personne des enfants naturels*, p. 116. — Baudry-Lacantinerie, t. I, p. 711. — Dalloz, Rep. v° *Minorité*, n° 697 et supplément, v° *Puissance paternelle et usufruit légal*, n° 134.

CHAPITRE II

Délation de la Tutelle.

Pour les enfants légitimes, la tutelle s'ouvre aussitôt après la dissolution du mariage ; elle revient de plein droit au survivant des père et mère, c'est la tutelle légale ou naturelle (art. 390).

Si le survivant lui-même craint de mourir pendant la minorité de son enfant, il peut par acte de dernière volonté désigner un tuteur pour le remplacer ; c'est la tutelle testamentaire (art. 397 et suiv.).

Si le survivant des père et mère, tuteur légal, est mort sans désigner son successeur, la tutelle est déférée de plein droit à l'ascendant le plus proche ; c'est la tutelle des ascendants (art. 402 et suiv.).

Enfin, s'il n'y a de place pour aucune de ces trois tutelles, on a recours à la tutelle déférée par le conseil de famille (art. 405 et suiv.).

Ainsi, pour les enfants légitimes, il y a donc quatre espèces de tutelles : la tutelle légale du survivant des père et mère, la tutelle testamentaire, la tutelle des ascendants et la tutelle déférée par le conseil de famille.

Pour les enfants naturels, nous écartons sans contestation possible, car, poser la question c'est la résoudre, l'hypothèse d'une tutelle d'ascendants. Les enfants illégitimes ne sauraient, en effet, avoir d'autres parents que ceux qui les ont reconnus; aucun bien légal ne peut les rattacher à leurs ascendants. La reconnaissance d'un enfant naturel est un aveu; or, l'aveu est essentiellement personnel et ne saurait intéresser que ceux dont il émane.

Le rapport de filiation qui rattache les enfants naturels à ceux qui les ont reconnus est un rapport juridique, mais ce n'est pas un lien de famille. C'est sur ce principe qu'est basée toute la théorie du Code civil; la parenté naturelle est limitée à un seul degré; en dehors de ses père et mère, l'enfant naturel n'a donc pas de famille[1]. Ce principe de limitation de parenté naturelle n'est nulle part contredit dans le Code civil; il est confirmé par le refus d'aliments aux parents naturels et par l'article 299 du Code pénal qui ne qualifie pas de parricide le meurtre d'un ascendant naturel. C'est d'ailleurs dans cette exclusion de la famille qu'on trouve le principe de droit exceptionnel qui régit l'enfant naturel. C'est là que se manifeste véritablement l'infériorité de sa condition.

Ainsi, il ne peut être question pour les enfants naturels de tutelle d'ascendants.

Ce point admis, nous aurons dans notre étude à examiner, dans trois sections, la question de savoir si on doit appliquer aux enfants naturels la tutelle légale du survivant des père et mère, la tutelle testamentaire et la tutelle déférée par le conseil de famille.

(1) 3 septembre 1806, Cass. req. D. Rep. v° Minorité, n° 589.

SECTION PREMIÈRE

De la Tutelle des père et mère.

L'article 390 du Code civil défère de plein droit la tutelle au survivant des père et mère légitimes. Doit-on appliquer cette disposition légale aux parents naturels et leur reconnaître le droit de tutelle légale ?

Cette question a fait naître une controverse qui dure depuis l'existence même du Code. Deux systèmes sont en présence : l'un attribue le droit de tutelle légale aux parents naturels, l'autre le leur refuse et prétend que la tutelle dative est seule possible pour les enfants naturels.

PREMIER SYSTÈME. — *Application de la tutelle légale aux enfants naturels.*

Comme nous donnerons un long développement à l'étude de ce premier système auquel nous nous rattachons, nous exposerons sous différentes rubriques, les arguments qui nous ont paru concluants en sa faveur.

1° Arguments tirés de l'étude des textes

Il est certain que l'on chercherait en vain dans la première section du chapitre de la tutelle, un article accordant formellement le droit de tutelle légale aux parents naturels. Mais immédiatement après, il faut constater qu'aucun texte ne dit que la tutelle des enfants naturels ne sera pas légale, qu'elle sera toujours dative ou tout autre [1].

Le silence du législateur est donc complet sur ce point, et il semble qu'il ait à dessein laissé planer la plus grande obscurité sur cette matière.

Nous venons de poser en principe qu'il n'y avait dans le Code aucune disposition formelle, attributive de tutelle pour l'enfant né hors mariage ; il n'y en a pas davantage qui s'oppose à l'application pour les parents naturels des textes qui existent pour les parents légitimes [2].

L'article 390 du Code civil, constitutif de la tutelle légale pour le survivant des père et mère légitimes, s'exprime ainsi :

« Après la dissolution du mariage, arrivée par la mort « naturelle ou civile de l'un des époux, la tutelle des « enfants mineurs et non émancipés appartient de plein « droit au survivant des père et mère. » Résulte-t-il de l'examen approfondi de cet article, que la tutelle légale a été créée spécialement et uniquement pour les parents légitimes ? que par voie de conséquence, les parents naturels en sont implicitement exclus [3] ?

Avec les partisans du système que nous développons, nous ne le pensons pas et nous fondons notre opinion sur l'étude même du texte.

Nous y trouvons les mots « après la dissolution du mariage, arrivée par la mort naturelle ou civile de l'un des

(1) Poitiers, 4 mai 1858, S. 1858, II, 420.
(2) Cadrès, *Les Enfants illégitimes*, p. 222.
(3) Poitiers, 1er août 1870, S. 1871, II, 214.

époux ». Ces expressions ne sauraient certainement laisser d'équivoque, et l'article s'occupe incontestablement des parents que le mariage avait unis; mais donner à cette rédaction un caractère particulièrement exclusif, serait faire dire au législateur ce qu'il n'a pas dit, ou ce qu'il n'a pas voulu dire.

Pour nous, les mots « après la dissolution du mariage » n'impliquent pas que l'existence d'une union légitime est une condition nécessaire, un élément essentiel et indispensable de la tutelle légale. Ces mots établissent simplement l'arrivée d'un état de faits nouveaux.

L'article 389, en organisant l'administration légale règle le mode de protection destiné aux enfants issus d'une union légitime, et cette protection spéciale durera tant que le mariage qui en est la source ne sera pas dissous. Mais lorsque la dissolution se produira il faudra une nouvelle organisation protectrice, et l'article 390 en indique seulement le point de départ.

Mais ce n'est pas à vrai dire la dissolution du mariage qui entraine la tutelle légale; c'est la mort de l'un des époux comme l'implique le texte même « après la dissolution du mariage, survenue par la mort naturelle ou civile de l'un des époux »; la cause immédiate de l'ouverture de la tutelle légale c'est donc la situation nouvelle que va créer à l'enfant la mort de l'un de ses auteurs. Dans le même esprit et avec la même étendue d'application, l'article 390 aurait pu être rédigé ainsi : « A la mort de l'un des époux, la tutelle des enfants mineurs et non émancipés appartient de plein droit au survivant de ses père et mère ». L'étude des travaux préparatoires nous apprend d'ailleurs qu'une rédaction analogue avait été d'abord proposée[1]. »

Les mots « après la dissolution du mariage » ne prouvent pas que l'existence de l'union légitime était indispensable pour l'ouverture de la tutelle légale. S'il en était autrement, toutes les causes de dissolution du mariage entraineraient l'application de l'article 390. Or, il n'en est pas ainsi. Le divorce, par exemple, qui est une cause de dissolution du mariage n'entraîne pas pour cela la nécessité d'établir une tutelle légale ; l'interdiction, la disparition, l'incapacité de droit ou de fait de la femme mariée ne produiront pas davantage cet effet.

La disparition du père ne fait pas attribuer la tutelle légale à la mère; l'article 141 du Code civil déclare que la mère aura dans ce cas le droit d'administration légale, mais non la tutelle.

La dissolution du mariage n'est pas la source immédiate de la tutelle légale, elle n'en est la source que comme conséquence forcée, mais la raison véritable est la mort de l'un des deux époux.

Le mariage en tant qu'institution légale et considéré comme source de la légitimité n'est donc pas une condition indispensable d'ouverture de la tutelle légale; la rédaction de l'article 390 où se trouvent les mots « après la dissolution du mariage » n'impliquent donc pas l'exclusion formelle des parents non mariés à cette espèce de tutelle[2].

(1) Fenet, *Travaux préparatoires du Code civil*, t. X, p. 609.
(2) Contrà. Baudry-Lacantinerie, t. I, p. 711.

Le mariage, avons-nous dit, n'est pas une condition indispensable pour que la tutelle soit déférée au père ou à la mère; nous pensons qu'il en est, au contraire, un empêchement.

Nous tirons cette observation du sens logique et grammatical des articles 389 et 390 du Code civil.

En édictant l'article 389, qui concède aux père et mère légitimes le droit d'administration légale sur les biens de leurs enfants mineurs, le législateur a établi une protection particulière pendant le mariage. Il a voulu dispenser le père légitime des charges spéciales de la tutelle et il a puisé dans la garantie morale qu'offre le mariage des considérations qui justifient ses faveurs pour les père et mère légitimes.

Le mariage constituait donc un empêchement à l'ouverture de la tutelle.

En ce qui concerne les parents naturels, cet empêchement n'ayant jamais existé ils se trouvent tout naturellement dans la situation des parents légitimes dont le mariage a été dissous.

Il n'y a plus pour les uns, il n'y a jamais eu pour les autres empêchement à ce que la tutelle légale leur soit déférée.

Comment prétendre logiquement le contraire ? Ce serait vouloir démontrer que ce qui est une cause d'empêchement est en même temps une cause d'existence [1].

Dans la même voie, faisant état des textes même, nous tirons un argument en faveur de notre système de l'ar-

(1) Cadrès. *Des Enfants illégitimes*, p. 243.

ticle 159 du Code Civil[1] qui s'exprime ainsi. « L'enfant naturel qui n'a point été reconnu et celui qui après l'avoir été a perdu ses père et mère ou dont les père et mère ne peuvent manifester leur volonté, ne pourra, avant l'âge de vingt-un ans révolus, se marier qu'après avoir obtenu le consentement d'un tuteur *ad hoc* qui lui sera nommé. »

D'après cette disposition, l'enfant naturel qui voudra se marier ne devra obtenir le consentement d'un tuteur *ad hoc* que lorsqu'il aura perdu ses père et mère. Cet article suppose donc que les père et mère sont les tuteurs ; puisqu'il n'exige la nomination d'un tuteur que lorsque l'enfant aura perdu ses père et mère, il décide implicitement que l'utilité d'un tuteur *ad hoc* ne se fera pas sentir tant que ses parents vivront.

Il suppose, par conséquent, que les père et mère naturels auront qualité pour délivrer le consentement au mariage et que le survivant sera son tuteur.

2° Arguments tirés de l'esprit général du Code. — Arguments d'analogie. — Législation comparée.

L'esprit de la loi se révèle nettement dans les paroles du rapporteur du Tribunat :

« Notre droit coutumier n'admettait point en général la « tutelle de droit ; il voulait que l'autorité publique intervint « toujours dans la nomination des tuteurs ; que toutes les

(1) Magnin, *Traité des Minorités*, t. 1, p. 381. — Toulouse, 1er septembre 1809, Dalloz, Rep. vo Minorité, no 687. — Bruxelles, 4 février 1811, S. 1811, II, 199. — Poitiers, 1er août 1870, S. 1871, II, 214.

« tutelles fussent données par le juge après avoir pris l'avis « des parents du mineur. Ainsi un père, une mère ne « pouvaient être tuteurs que par la nomination du juge. « C'est en considération et pour le plus grand intérêt des « mineurs que ce système s'était établi.

« Le droit écrit, au contraire, appuyé sur des raisons « moins soupçonneuses, plus analogues à la nature, veut « que le père, la mère soient tuteurs-nés de leurs enfants.

« Votre section de législation a pensé que le droit écrit « devait à cet égard l'emporter sur le droit coutumier; que « la puissance du père, son autorité, ses sentiments « et ses affections naturelles ne pouvaient, sans faire « injure à ce qu'il y a de plus sacré, être soumis à un « jugement; que la tutelle au lieu d'être dative, devait à « l'égard des père et mère être le droit. C'est une des « principales bases et le système principal du projet du « Code[1] ».

Dira-t-on que l'auteur de ces paroles n'avait en vue que les parents légitimes ? Ce désir de mettre la loi positive en harmonie avec la loi de la nature, n'est-il pas au contraire le fondement d'une doctrine générale[2] ?

Ainsi, la raison dominante qui a fait choisir pour tuteur à l'enfant son père ou sa mère, c'est qu'il faut à l'orphelin un protecteur qui prenne la place de celui que la nature lui avait donné et que la mort lui enlève. La tutelle est avant tout une mission de confiance et d'affection. Les enfants

(1) Rapport par Huguet, VIII, nº 5. — Discours de Leroy, IX, nº 5. — Locré. *Législation civile*. t. VII, p. 98.

(2) Taulier. *Théorie du Code civil*, t. II, p. 49.

ont besoin d'amour, dit M. Laurent[1], comme ils ont besoin d'air et de soleil pour vivre. Chez qui trouveront-ils ces soins affectueux, cette indulgence qui ne se rebute jamais et que seule légitime une sévérité parfois nécessaire? Chez les parents. On appelle dans la doctrine la tutelle déférée par l'article 390, au survivant des pères et mères légitimes, tutelle naturelle. Pourquoi? sinon parce qu'elle n'est qu'une émanation de la loi naturelle et que cette espèce de tutelle était écrite dans le droit de la nature avant de l'être dans la loi positive.

Nous puisons cette idée dans un des arrêts qui ont reconnu le droit de tutelle légale aux parents naturels[2].

« Attendu, dit la Cour de Grenoble, que le législateur en ne s'occupant que des enfants nés du mariage, a renvoyé ce qui pourrait concerner les enfants naturels, à ce sujet, à la loi naturelle; que la tutelle des enfants appartient par suite de la puissance paternelle au père et à la mère de l'enfant naturel reconnu; car les dispositions du droit civil et celles du droit de la nature les instituent les protecteurs nés de cet enfant. »

Et maintenant nous avons à nous demander en quoi la filiation de l'enfant empêcherait de lui donner pour tuteur ceux que la Cour de Grenoble appelle « ses protecteurs nés ». L'enfant né hors mariage n'a-t-il pas droit comme l'enfant légitime à la protection de la loi?

(1) Laurent, t. IV, p. 481.

(2) Grenoble, 21 juillet 1836, S. 1837, 2, 371. — D. 1837. 2, 157 et D. Rep. v° *Minorité*, n° 686. — Poitiers, 1er août 1870, S. 1871, II, 214. — D. 1871, II, 56.

Lorsque le législateur a fait choix pour tuteur du père ou de la mère, il a songé que l'affection et la sollicitude du tuteur seraient en raison directe des liens du sang. Cette même présomption n'existe-t-elle pas pour les parents naturels ?

Pourquoi ne donnerait-on pas comme tuteurs aux enfants illégitimes, les seuls parents, les seuls amis, les seuls protecteurs enfin qu'ils auront peut-être au monde[1] ?

La tutelle légale est fondée sur l'affection présumée des parents ; cette raison n'est pas moins puissante en faveur des enfants naturels que des enfants légitimes.

L'esprit général du Code nous paraît être dans ce sens et la volonté du législateur se révèle dans différents articles.

Du rapprochement de quelques dispositions légales qui assurent à l'enfant naturel la même protection qu'à l'enfant légitime, résulte une assimilation qui doit faire étendre à l'un les règles établies à l'égard de l'autre.

Ainsi l'enfant naturel comme l'enfant légitime ne peut lorsqu'il est mineur contracter mariage sans le consentement de ses père et mère (Article 158 du Code civil). S'il veut se marier malgré leur volonté, comme l'enfant légitime, il est tenu de leur faire des actes respectueux.

Si les parents naturels sont morts ou dans l'impossibilité de manifester leur volonté, il ne peut avant l'âge de vingt et un ans révolus se marier qu'après avoir obtenu le consentement d'un tuteur *ad hoc*. Il y a dans ce cas une

(1) Vigié, t. I, p. 420.

différence avec l'enfant légitime qui, placé dans la même situation, doit obtenir le consentement de ses aïeux ou le demander par un acte respectueux ; à défaut de ceux-ci ou s'ils ne peuvent manifester leur volonté, il doit obtenir le consentement du conseil de famille. (Article 160 du Code civil).

La raison de cette différence est facile à saisir ; l'enfant naturel n'ayant pas de famille ne peut en aucun cas s'adresser à ses aïeux naturels.

Sous le rapport du mariage, l'enfant naturel est donc assimilé, à peu de différences près, à l'enfant légitime.

Il en est de même sous le rapport de la puissance paternelle : d'après l'article 383 du Code civil, en effet, c'est au père qu'incombent les devoirs d'éducation et les soins de la personne de l'enfant naturel.

Tout comme le père légitime, le père naturel a le droit de puissance paternelle, et, dès lors, pourquoi n'aurait-il pas la tutelle qui n'en est qu'une émanation [1] ?

La section VI du Code civil remaniée par la loi du 25 mars 1896, accorde aux enfants naturels avec le titre d'héritiers, des droits très importants sur la succession de leurs parents. Et dans cette matière toute de droit pur, dans les successions, quel a été le principe dominant qui a guidé le législateur? C'est l'affection présumée des parents.

(1) Chardon. *Les Trois puissances*. t. II, p. 70. — Taulier, t. II, p. 18. — Vigié, t. I, p. 420. — Grenoble, 21 juillet 1836, S. 1837. II, 471. — Poitiers, 1er août 1870, S. 1871, II, 214. — Contrà : De Fréminville, t. 1, p. 65. — Rolland de Villargues. Dissertation dans Sirey, S. 1813, II, 23.

Aussi le législateur n'a pas hésité à faire aux vieux principes, une large brèche par où passera l'enfant pour réclamer ses droits. L'enfant naturel n'est plus un intrus que l'on jette à la porte avec le morceau de pain auquel la loi lui reconnaissait le droit de prétendre.

C'est maintenant un héritier avec toutes les prérogatives de la saisine. En concours avec des frères légitimes, il réclamera des droits importants ; en présence de simples collatéraux, c'est lui qui parlera en maître et les chassera de la succession de ses parents naturels.

Dans cette voie hardie, le législateur de 1896 n'a pas craint de porter atteinte à la constitution de la famille, en l'attaquant dans ses droits les plus sacrés, qui est le patrimoine, édifice élevé lentement et patiemment et dont l'aïeul posa souvent la première pierre.

Combien notre système tendant à l'assimilation au point de vue de la tutelle est timide à côté de cette réforme. Le législateur de 1896 ne s'est laissé arrêter ni par des considérations morales, ni par des raisons juridiques pour faire à l'enfant naturel un sort meilleur. Et nous qui ne risquons pas de porter atteinte aux droits de la famille, qui ne reformons pas, qui appliquons simplement un système de protection tutélaire, l'on nous arrêterait !

Il serait vraiment extraordinaire que l'on se soit préoccupé à ce point d'adoucir la situation des enfants naturels et qu'on leur refuse le bénéfice de la tutelle légale auquel le simple fait d'être venus au monde semble leur donner des droits.

Enfin, l'article 765 du Code civil décide que si l'enfant

naturel décède sans postérité, sa succession sera dévolue au père ou à la mère qui l'aura reconnu et par moitié à tous les deux s'il a été reconnu par les deux. Celui qui est appelé à recueillir plus tard la succession de l'enfant, n'est-il pas tout désigné pour administrer ses biens et son propre intérêt n'offre-t-il pas une garantie de bonne administration[1] ?

« L'ordre de la société, disait Domat, ne souffre pas que les orphelins soient abandonnés ; ce devoir regarde donc naturellement ceux qui leur sont proches tant à cause que la proximité les y engage plus étroitement que parce que le soin des biens des mineurs regarde ceux que la loi appelle à leur succéder[2]. »

Au point de vue du mariage de la puissance paternelle et surtout au point de vue successoral, le législateur s'est montré vraiment trop large à l'égard de l'enfant naturel pour lui refuser la tutelle légale qui n'est en somme qu'un diminutif.

Ceux-là même qui ne partagent pas sur ce point notre manière de voir et qui prétendent que la seule tutelle possible pour les enfants naturels est la tutelle dative, arrivent par un détour qui ne s'explique pas, aux mêmes résultats. Les partisans de la tutelle dative reconnaissent, en effet, que le conseil de famille de l'enfant naturel devra déférer la tutelle au père ou à la mère.

C'est prendre une voie détournée pour arriver au même

(1) Toulouse, 1er septembre 1809. Dalloz, Rep., vº Minorité, nº 687.

(2) Domat. *Les lois civiles dans leur ordre naturel*, liv. II, titre II. Des tuteurs, p. 171.

but ; l'utilité de ce procédé ne s'aperçoit pas. C'est poser en principe, que les parents naturels doivent inspirer de la défiance et qu'il est nécessaire de ne leur déférer la tutelle que : *Cognita causa*[1].

Cette défiance est-elle bien fondée ? N'y a-t-il pas dans la reconnaissance même, une preuve d'affection et de sollicitude en faveur de l'enfant ?

En supposant que ce manque de confiance soit justifié dans la suite, si le père ou la mère, tuteur ou tutrice légale, deviennent indignes ou incapables, n'aura-t-on pas contre eux le recours de la destitution telle qu'elle est établie dans l'organisation de la tutelle ou par les articles 1 et 2 de la loi du 26 juillet 1889, qui prononcent dans certains cas la déchéance du père, des droits de puissance paternelle et, par voie de conséquence, des droits de tutelle ?

Mais, dira-t-on, mieux vaut prévenir que sévir ; certainement, mais n'est-ce pas sévir que de proclamer en principe l'indignité ou l'incapacité des pères et mères naturels.

Nous puisons enfin, dans l'ancienne législation, des arguments en faveur de notre système.

Le Droit Romain, en effet, accordait le droit de tutelle à la mère naturelle : c'est ce que décide la Novelle *ad hæc* au Code, liv. 5, titre 5 « *quando mulier tutelæ officio fungi potest*[2] ».

Il en était de même dans l'ancien droit : la mère était

(1) En ce sens : Lyon, 11 juin 1856, D. 1857, II, 9.
(2) Toulouse, 1er septembre 1809, Dalloz, Vo Minorité, no 687.

tutrice légale, dit Ferrière [1], non seulement de ses enfants légitimes, mais aussi de ses enfants bâtards.

En législation comparée, la question d'attribution du droit de tutelle légale aux parents naturels ne peut offrir d'intérêt, que dans les pays qui procèdent du système français et qui font à la famille une place essentielle dans l'organisation de la tutelle.

En Italie, la tutelle légale est établie en faveur des enfants naturels (art. 184) [2]; elle n'existe même que pour eux. Pour les enfants légitimes, il n'y a jamais lieu à tutelle légale; à la mort de l'un des époux, le survivant conserve simplement le droit d'administration ; le père ou la mère restent administrateurs de la personne et des biens de leurs enfants. Cette attribution exclusive aux parents naturels du droit de tutelle légale est une particularité remarquable de la législation italienne.

Le Code civil portugais [3] édicte, dans les articles 375 et suivants, que la tutelle des enfants naturels reconnus sera d'une façon générale soumise aux mêmes règles que celle des enfants légitimes.

En Belgique [4], le droit de tutelle légale est reconnu aux parents naturels.

D'après l'article 408 du Code néerlandais [5], le père ou, à

(1) Ferrière. *Traité des tutelles*, p. 24.

(2) Huc. *Code civil italien et Code Napoléon*, t. I, p. 400.

(3) Code Civil portugais, traduit par Lanayrie et Dubois.

(4) Beltjens. — *Encyclopédie de Droit civil Belge*, art. 390 n° 10.

(5) Tripels. — Code néerlandais (art. 408).

défaut du père, la mère exercera la tutelle de son enfant naturel légalement reconnu.

Dans la législation polonaise [1], les enfants naturels sont de plein droit sous la tutelle de celui des père et mère qui les a reconnus. S'ils l'ont été par tous les deux, la tutelle est déférée de plein droit à la mère, mais seulement en cas de décès ou d'empêchement du père.

Il en est de même dans la principauté de Monaco, dans le canton de Vaud et dans celui des Grisons [2].

En Espagne [3], le droit de tutelle légale n'existe pas au profit des parents naturels; néanmoins l'enfant illégitime est étroitement lié par sa condition juridique à ceux qui l'ont reconnu.

Dans les législations où la tutelle est toujours déférée par l'autorité et qui se rattachent, à ce point de vue, au système germanique, la question d'attribution du droit de tutelle légale aux parents naturels ne se pose pas. En Allemagne, en Autriche, en Angleterre, par exemple, la tutelle est toujours déférée par l'autorité, qu'il s'agisse d'enfants légitimes ou d'enfants naturels.

3° *Avantages que présente ce système pour le mineur.*

Quand le père naturel est tuteur de son enfant, la puissance paternelle et la puissance tutélaire sont réunies dans la même main ; il n'y a pas de dédoublement de pouvoirs.

(1) Lehr. — Droit civil russe, t. I, p. 85.
(2) Raoul de la Grasserie. — Code civil du canton des Grisons.
(3) Levé. — Code Civil espagnol.

Si la tutelle est, au contraire, déférée à une autre personne que le père ou la mère, les deux pouvoirs dont nous venons de parler seront placés en différentes mains. Des conflits inévitables naîtront entre le tuteur qui doit administrer les biens et le père qui doit administrer la personne de l'enfant. Ces conflits seront la source de dangers permanents pour le mineur.

Or, dans le système que nous avons adopté, les droits de puissance paternelle et de tutelle seront toujours exercés par la même personne, le père ou la mère, sauf évidemment les cas d'exclusion pour indignité ou incapacité.

Dans le système qui ne reconnaît pas aux parents naturels le droit de tutelle légale, celui qui doit exercer les droits de puissance paternelle ne sera pas toujours et nécessairement investi des droits de tutelle. Le conseil de famille pourra, il est vrai, arriver à ce résultat, en nommant le père ou la mère tuteur ou tutrice de l'enfant, et, d'après les partisans de la tutelle dative, c'est à ce choix qu'il devra généralement s'arrêter. Mais ce n'est qu'une obligation morale. Et s'il en est décidé autrement? Si, mal renseignés ou mal prévenus, les membres du conseil de famille défèrent la tutelle à une tierce personne ? De ce dédoublement d'attributions, surgiront des conflits au détriment de celui dont on devait se préoccuper avant tout, en organisant pour lui un système de protection.

A ce point de vue, la tutelle légale déférée au père ou à la mère de l'enfant naturel présente pour lui plus de garanties.

Il y a enfin un autre intérêt pour l'enfant naturel à attribuer de plein droit la tutelle au père ou à la mère.

Nous avons vu que le moment d'ouverture de la tutelle pour l'enfant naturel n'est pas le même que pour l'enfant légitime; pour ce dernier, c'est la mort de l'un de ses auteurs qui le met en tutelle. Or, il n'en est pas ainsi pour l'enfant né hors mariage; le droit d'administration légale n'existant pas au profit de ses parents, cet enfant sera en tutelle à partir de sa naissance. Tel est le principe; en fait, il en sera autrement. On ne nommera un tuteur à l'enfant naturel que lorsque la nécessité d'une tutelle se fera sentir, c'est-à-dire lorsque le mineur aura acquis quelques biens. Si la fortune qui lui est échue est considérable, s'il se fait quelque bruit autour de cet événement, on ne pourra le laisser passer inaperçu et on nommera un tuteur pour gérer le patrimoine. Mais si les biens acquis ne sont pas très importants, si aucune publicité ne fait connaître la nouvelle situation pécuniaire de l'enfant, il pourra se faire que, par ignorance ou par indifférence, personne ne provoque la constitution de la tutelle.

Pour les enfants légitimes, ce sont les parents qui le plus souvent suscitent la nomination d'un tuteur ; l'enfant naturel, lui, n'a pas de parents qui se chargeront de ce soin [1].

Avec le système de la tutelle légale, on peut espérer que l'enfant naturel jouira toujours du bénéfice de la tutelle, car si on admet le principe d'attribution de la tutelle légale aux parents naturels, il faut admettre par voie de consé-

(1) Beudant, t. II, p. 440.

quence, les règles qui organisent cette tutelle. Et, dès lors, l'article 421 du Code civil sera applicable au tuteur ou à la tutrice légale de l'enfant naturel. En application de ce texte, le père ou la mère devra, avant d'entrer en fonctions, faire convoquer le conseil de famille pour la nomination d'un subrogé-tuteur. Si le tuteur s'est ingéré dans la gestion avant d'avoir rempli cette formalité, la tutelle pourra lui être retirée sans préjudice des indemnités dues au mineur.

Cet article contient *in fine*, une sanction qui est une garantie pour le mineur et qui nous fait dire que notre système présente pour l'enfant naturel l'avantage de lui assurer les bienfaits de la tutelle.

Nous avons raisonné, dans le cas où l'enfant a encore ses père et mère ou l'un des deux, puisqu'il s'agit de tutelle légale. Mais lorsque nous examinerons les cas où l'enfant est resté sans père ni mère, ou n'a pas été reconnu, nous verrons combien l'existence d'une organisation tutélaire pour l'enfant naturel devient problématique.

Il nous reste enfin à nous demander si le fait de déférer de plein droit la tutelle aux parents naturels peut porter une atteinte quelconque aux principes de la dignité du mariage ou de la constitution de la famille. En vain, chercherions-nous la plus petite raison, qui pourrait faire croire à la possibilité d'un pareil résultat.

Généralement, l'enfant naturel est laissé à la mère qui se charge de son entretien; le plus souvent, au contraire, le père oubliant et la paternité et les devoirs qui en découlent, ne voudrait plus entendre parler de l'enfant à qui il donna le jour.

C'est surtout à ce dernier que pourra déplaire la qualité de tuteur légal.

Est-ce un motif tiré d'une semblable considération qui pourrait nous gêner dans l'application de notre système ? Mais ce serait, au contraire, une raison morale qui affermirait notre opinion, car il est souverainement juste que celui qui, en toute liberté de volonté, a reconnu un enfant, accomplisse les obligations auxquelles il s'est volontairement assujetti.

Les parents naturels ont, à l'égard de leurs enfants, des devoirs d'autant plus grands à remplir qu'ils ont à se reprocher leur infortune.

De nombreux auteurs se sont ralliés au système que nous venons de développer [1].

4° Jurisprudence de la Cour de Cassation.

La Cour de Cassation ne s'était pas jusqu'ici prononcée radicalement sur la question malgré les nombreuses causes qui lui avaient été soumises. Sa réserve avait été certainement calculée, comme cela résulte de l'expression employée par elle au début de plusieurs décisions qui commencent par les mots : « *Abstraction faite de la ques-*

(1) Delvincourt. T. I, p. 425. — Magnin. *Traité des minorités*, p. 376 et suiv.— Vazeille. *Du mariage*, t. II, nos 502 et 504.— Loiseau. *Des enfants naturels*, p. 537.— Chardon. *Les trois puissances*, t. II, p. 67 et suiv. — Taulier. t. II, p. 22. — Marchand. *Code de la minorité*, n° 36. — Cadrès. *Des enfants illégitimes*, p. 218. — Cabain. *Droit des femmes*, n° 82. — Bioche. *Dictionnaire des Justices de paix*, v° Tutelle, n° 12. — Allard. *Des enfants naturels*, n° 250. — Aubry et Rau. t. VI, p. 213, § 571. — Vigié. t. I, p. 449. — Dalloz. Rep., v° Minorité, n° 686 et suiv. Supplément au Rep., n° 638 et suiv.

tion de savoir si la tutelle légale appartient aux parents naturels[1] ».

Néanmoins, nous trouvons un précieux appui en faveur de notre système dans un arrêt d'avril 1850 rendu par la Chambre criminelle[2]. Un moyen de cassation avait été pris d'une prétendue violation de l'article 350 du Code pénal, qui prononce une aggravation de peine contre les tuteurs ou tutrices coupables du délit d'exposition ou de délaissement d'enfant ; la mère naturelle demanderesse prétendait que cette aggravation de peine ne pourrait l'atteindre puisqu'elle n'était pas tutrice de l'enfant ; la Cour rejeta le moyen invoqué dans les termes suivants : « Attendu que « la mère naturelle d'un enfant reconnu est le seul parent. « le seul appui et l'unique protecteur qu'il ait au monde : « qu'elle est par conséquent la tutrice légale ; que le juge- « ment en lui conférant cette qualité et en lui appliquant « par suite l'article 350 précité, loin de violer cet article en « a fait une saine application », rejette, etc.

Nous pourrions encore nous appuyer sur un arrêt du 16 mars 1893[3]. Dans cette décision la Chambre criminelle a jugé que la mère naturelle d'enfants naturels reconnus a qualité pour se porter partie civile en leur nom sans l'intervention du conseil de famille et qu'elle puisait cette faculté d'agir dans sa qualité de mère et dans les obligations légales et naturelles qui en découlent.

(1) 31 août 1815. Cass., req. Dalloz. Rep., vº Minorité, nº 695 et suiv., 1815, 1, 361. — 7 juin 1820. Cass., req. S. 1820, 1, 368.

(2) Cass., 20 avril 1850, S. 1850, 1, 702.

(3) Cass., 16 mars 1893, D. 1894, 1, 199.

Il existe enfin, un arrêt plus récent de la Cour de Cassation, qui résout nettement la question qui lui avait été directement soumise. Cet arrêt est du 16 novembre 1898[1].

L'espèce est la suivante : Un tuteur datif avait été nommé à une enfant naturelle, dont la mère, la demoiselle Louise-Marie-Gabrielle de B..., était décédée à Caen, le 19 février 1891, seize jours après son accouchement ; en 1895, le sieur L.... journalier, avait reconnu l'enfant comme sa fille naturelle et il réclama, en sa qualité de père naturel, la tutelle légale de la mineure de B... et l'administration de ses biens. Les prétentions du demandeur furent rejetées par le tribunal civil de Caen et la Cour confirma le jugement.

L... se pourvut en cassation contre l'arrêt de la Cour d'appel de Caen en violation des articles 372 et 405 du Code civil et de l'article 7 de la loi du 20 avril 1810, en ce que l'arrêt attaqué avait décidé que le père de l'enfant naturel reconnu n'a pas la tutelle légale de cet enfant.

La Cour de Cassation, dans son arrêt du 16 novembre 1898, rejeta la demande, et confirmant l'arrêt de la Cour de Caen, décida que la reconnaissance faite par L... ne l'avait pas investi de la tutelle légale de la mineure de B...

Cet arrêt fut rendu sur le rapport de M. le conseiller Lepelletier, qui présenta dans cette affaire de nombreuses observations que nous résumerons.

Le rapporteur fait d'abord remarquer que le silence du législateur est complet sur la matière et que l'étude des

(1) 16 novembre 1898, Cass. req. D. 99. 1, 218.

travaux préparatoires atteste que l'on ne s'est jamais occupé des enfants naturels au point de vue de leur tutelle. Il fait valoir les principaux arguments invoqués par les deux systèmes et, après avoir constaté la divergence qui règne sur la matière, dans la doctrine et la jurisprudence, il conclut lui-même à la non attribution de la tutelle légale aux parents naturels. Du rapport de M. Lepelletier, il semble résulter que l'argument dominant en faveur de son système est l'absence de dispositions attributives du droit de tutelle légale aux parents naturels. Toute la thèse du rapporteur tient dans cette remarque que l'on peut formuler ainsi :

Il n'y a pas de textes disant que les parents naturels ont la tutelle légale, donc ce droit n'existe pas pour eux. C'est, d'ailleurs, l'argument juridique que les ennemis de notre système invoquent tout d'abord, tant en doctrine qu'en jurisprudence. Nous y répondrons, comme nous l'avons déjà fait, en faisant remarquer que, d'après ce même principe, il n'y a aucune tutelle possible pour l'enfant naturel, puisque le législateur ne lui en attribue aucune, ni la tutelle légale, ni la tutelle dative ; et cependant, tout le monde s'accorde à dire que la tutelle s'impose dès que le mineur a des biens à faire gérer. Nous ferons remarquer enfin, la spécialité des espèces sur lesquelles la cour de cassation a prononcé son arrêt. Quatre ans s'étaient écoulés depuis la mort de la mère de la mineure de B..., lorsque L... a reconnu cette mineure pour sa fille naturelle, ayant alors appris qu'elle avait recueilli dans la succession de la mère une fortune importante dont il espérait avoir la gestion. Nous ne doutons pas que l'attitude peu recommandable de ce journalier, qui ne reconnut son enfant que pour en retirer un profit pécuniaire et escompter visiblement et publiquement la faute commise, n'ait eu une grande influence sur la décision des magistrats. D'ailleurs, d'une façon générale, en matière de tutelle d'enfants naturels où les règles précises font défaut, on peut préjuger de la décision des juges par la lecture des espèces. La façon dont se présentent les faits, la valeur morale des parties, le mobile qui les a poussés, jouent un rôle considérable sur les décisions rendues et donnent aux magistrats dans cette matière, sinon un principe, du moins en fait, un rôle discrétionnaire très étendu.

On peut citer, néanmoins, de nombreux arrêts en faveur du système qui reconnait aux parents naturels le droit de tutelle légale[1].

Deuxième système. — *La Tutelle dative est la seule possible pour les Enfants naturels. — Réfutation.*

Ce second système fonde d'abord son opinion sur l'étude de l'article 390. Ses partisans argumentent de ce que ce texte ne peut s'appliquer aux parents naturels

(1) Toulouse, 1er septembre 1809, D. Rep. v° Minorité, n° 687 — Bruxelles, 4 février 1811, D. Rep. v° Minorité, n° 686. — Colmar, 22 mars 1813, D. Rep. v° Paternité et filiation, n. 543-3°. — Grenoble, 21 juillet 1836, S. 1837, II, 471 ; D. 1837, II, 157. — Douai, 22 juillet 1856, S. 1857, II, 33 *id.* 13 février 1844, D. 1845, II, 152. — Poitiers, 4 mai 1858, S. 1858, II, 420, D. 1859, II, 122; *id.* 1er août 1870, S. 1871, II, 214, D. 1871, II, 56. — Caen, 22 mars 1860, S. 1860, II, 610. — Alger, 17 mars 1875, S. 1875, II, 176. — Paris, 9 novembre 1893, D. 1895, II, 498.

parce que la tutelle légale a son principe, sa raison d'être dans l'union légitime. Nous avons tâché de démontrer que cette espèce de tutelle ne prenait pas sa source dans le principe du mariage, mais bien dans ce motif que le père ou la mère sont désignés avant tous par leur garantie d'affection pour l'enfant qu'il faut protéger.

Nous ferons remarquer, en outre, que l'on n'hésite pas dans certains cas à appliquer aux pères et mères naturels des dispositions qui cependant supposent le mariage.

L'article 203, par exemple, dit explicitement que les époux contractent par le seul fait du mariage l'obligation de nourrir, entretenir et élever leurs enfants.

Il résulterait de cette disposition que les parents naturels ne sont pas soumis aux mêmes obligations. Cependant, on est, dans la doctrine et dans la jurisprudence [1], unanime à déclarer que l'article 203 du Code civil, fondement du droit d'éducation, doit s'appliquer aux parents naturels.

L'article 203 semble dire que le devoir d'éducation naît du mariage, et plus loin le législateur, par l'article 383, accorde aux parents naturels ce même droit d'éducation. Cela prouve donc que le mot « mariage » ou toute autre expression faisant supposer son existence ne peut constituer un empêchement quand le devoir ou le droit

(1) Delvincourt, t. I, p. 377. — Loiseau, *Des enfants naturels*, p. 552 et suiv. — Vazeille, *du Mariage*, t. II, p. 599. — Massé et Vergé sur Zacchariæ, t. I, § 131. — Du Cauroy, t. I, p. 226. — Chardon, *Puissance paternelle*, nº 9. — Demolombe, t. IV, nº 3. — Aubry et Rau, t. VI, p. 245, § 571. — Laurent, t. IV, p. 458. — Baudry-Lacantinerie, t. I, p. 357. Cass., 27 août 1844. — Dalloz, Rep. Vº *Paternité et filiation*, nº 665. — Toulouse, 25 juillet 1863, S. 1864, II. 37.

qu'il s'agit d'appliquer découle d'une autre notion que celle-là.

Les partisans de la tutelle dative objectent encore que la tutelle est une institution de droit civil qui ne peut exister qu'en vertu d'une loi, que la tutelle dite légale suppose nécessairement un texte l'établissant. A l'argument tiré de l'analyse grammaticale, nous répondrons que cette même tutelle était qualifiée, jadis, de tutelle naturelle et que l'expression se retrouve encore dans le projet de l'an VII [1]. Si l'on se reporte au titre de la puissance paternelle, on voit que l'article 383 du Code civil ne confère formellement aux parents naturels que les droits résultant des articles 376, 377, 378, 379. Cependant, on est unanime à leur accorder l'application d'autres articles qui ne sont pas compris dans cette énumération. Pourquoi ne ferait-on pas la même chose pour la tutelle [2] ?

Comme nous l'avons déjà dit, il est certain qu'aucun texte n'accorde aux parents naturels le droit de tutelle légale, mais il n'en est pas qui le leur refuse, il n'en est pas davantage qui leur en accorde un autre. Si l'article 390 n'est applicable qu'aux enfants légitimes, il en sera de même de toutes les autres dispositions légales de la tutelle car il n'est question dans aucun article des enfants naturels et tous paraissent n'avoir pour objet que la tutelle des enfants légitimes. Pour être logique, il faudra donc respecter cette absence générale des textes et on arrivera à cette conclusion inéluctable : c'est qu'il n'y aura pas de

(1) Poitiers, 4 mai 1858, S. 58. 2. 420 et D. 59. II. 122.
(2) Laurent, t. IV, p. 527.

tutelle pour les enfants naturels. Or, la nécessité d'une protection tutélaire s'impose impérieusement pour tous les mineurs, que ceux-ci soient enfants légitimes ou qu'ils ne le soient pas. Puisqu'on ne veut pas appliquer aux enfants naturels les règles générales de la tutelle, il faudra donc créer une loi de toute pièce[1]. Dans cette alternative le parti que nous avons pris n'est-il pas le plus sage? N'est-il pas tout naturel d'assimiler au point de vue de la tutelle l'enfant naturel à l'enfant légitime, alors surtout que la question de filiation ne saurait avoir d'influence et qu'il y a pour faire l'assimilation sur ce point identité de motifs et similitude de situation.

Et ceux qui s'attachent si scrupuleusement à la lettre de la loi en refusant d'appliquer l'article 390 aux parents naturels, sous le prétexte que le législateur ne s'est occupé dans cette disposition que des enfants légitimes, invoquent eux-mêmes un texte pour fonder leur opinion. Or, il est absolument illogique d'invoquer un texte quelconque puisqu'il n'en existe pas. Les partisans de la tutelle dative appliquent aux enfants naturels l'article 405 du Code civil.

Mais nous ferons observer que si l'article 390 du Code civil n'est applicable qu'aux enfants légitimes, il en est de même de l'article 405 ; puisque dans celui-ci, il n'est pas plus question que dans celui-là des enfants naturels. L'article 405 s'exprime ainsi : « Lorsqu'un enfant mineur et « non émancipé restera sans père ni mère ni tuteur élu « par ses père et mère, ni ascendants mâles, comme aussi

(1) Vigié, t. 1, p. 420.

« lorsque le tuteur de l'une des qualités ci-dessus expri-
« mées se trouvera dans les cas d'exclusion, dont il sera
« parlé ci-après, ou valablement excusé, il sera pourvu, par
« un conseil de famille, à la nomination d'un tuteur ».

Cet article décide en termes explicites qu'il sera nommé un tuteur par le conseil de famille lorsque le mineur sera resté sans père ni mère, ou lorsque le tuteur se trouvera dans un des cas d'exclusion prévus par la loi ou valablement excusé.

[1] Nous ne sommes pas dans cette deuxième hypothèse, car aucun article du Code n'exclut les parents naturels de la tutelle légale : Sommes-nous davantage dans la première hypothèse ? L'article 405 prévoit le cas où le mineur sera resté sans père ni mère, et l'enfant naturel dont nous nous occupons est supposé avoir encore ses père et mère ou l'un deux.

[2] L'article 405 du Code civil ne peut donc s'appliquer, tant que l'enfant a encore ses père et mère ; cette disposition nous paraît témoigner contre ceux qui l'invoquent.

Les partisans de la tutelle dative, qui se sont occupés de la question antérieurement à la réforme apportée par la loi du 25 mars 1896 au régime successoral de l'enfant naturel, ont tiré argument de l'ancien article 756 du Code civil.

L'enfant naturel n'est pas héritier, disaient-ils, il n'a que des droits très restreints sur la succession de ses parents.

(1) Cadrès. *Des Enfants illégitimes*, p. 221.

(2) Laurent. t. IV, p. 528. — Huc. t. III, p. 292. — Comp. Baudry-Lacantinerie. t. 1, p. 711. Poitiers, 1er août 1870, S. 1871, II, 214.

Or, si la loi avait voulu être plus large dans ses bienfaits envers l'enfant naturel, elle n'eut pas dit qu'il n'était pas héritier ; elle n'eût pas placé entre l'enfant légitime et lui cette distance si grande dont les conséquences sont si fécondes[1]. Dans le même ordre d'idées, ils poursuivaient en disant : « Si l'enfant ne peut pas être héritier, en quoi la tutelle légale lui profiterait-elle ? »

Ces objections tombent d'elles-mêmes devant la nouvelle loi sur les droits successoraux des enfants naturels. Nous avons précisément dans la tentative d'assimilation faite par le législateur du 25 mars 1896, puisé des motifs en faveur du système que nous avons adopté.

On a encore prétendu que l'enfant né en dehors du mariage était comme une insulte aux lois et que son illégitimité était une tâche qui l'empêchait de prétendre à la protection de celui qui l'a reconnu.

C'est dans ce même ordre d'idées morales et philosophiques que nous avons trouvé des raisons pour fonder notre opinion. Nous considérons que le législateur doit protection au faible, quel qu'il soit, car l'enfant naturel est innocent avant tout et ne peut porter le poids des responsabilités des fautes d'autrui. Nous avons prétendu défendre la faiblesse et non la bâtardise.

Le second système a trouvé dans la doctrine des partisans très nombreux[2].

(1) Girard de Vasson. *Revue critique de législation*, année 1857, t. XI.

(2) Favard. *Rep.*, v° Tutelle, § I, n° 5. — Rolland de Villargues. *Dissertation dans Sirey*, S. 1813, II, 19. — Duranton. t. III, p. 420. — Coin-Delisle. *Encyclopédie des juges de paix*, t. III, p. 55. — Riche-

De nombreux arrêts de jurisprudence ont été rendus en faveur de l'opinion que nous combattons, et un courant très accentué s'est produit dans ce sens dans ces dernières années[1].

Quant à nous, nous pensons que l'enfant naturel peut prétendre à la tutelle légale, soit que l'enfant, ayant été l'objet d'une double reconnaissance, ait encore ses père et mère, ou l'un d'eux, si l'autre est mort, incapable ou indigne, soit qu'il n'ait été reconnu que par un des deux auteurs et que cet auteur soit encore vivant.

Si l'on admet le principe d'attribution de tutelle légale aux parents naturels, il est nécessaire d'examiner les diverses hypothèses que peut faire naître la filiation naturelle.

§ I. — Hypothèses résultant des conditions de la reconnaissance.

L'enfant naturel peut avoir été reconnu par son père ou par sa mère, ou par ses deux auteurs à la fois. Cette double

fort. *Etat des familles*, t. II, n° 273. — Valette sur Proudhon, t. II, p. 290. — De Fréminville. *De la Minorité*, n° 33. — Marcadé. *Sur l'art*. 390, n° 2. — Demolombe, t. VIII, p. 261 et suiv. et *Revue critique*. 1851, p. 34. — Demante, t. II, n° 138 *bis*. — Girard de Vasson. *Revue critique*, t. II, année 1857, p. 363. — Ballot. *Revue pratique*, t. V, année 1858, p. 479. — Laurent, t. IV, p. 526 et suiv. — Huc. t. III, p. 292. — Baudry-Lacantinerie. t. I, p. 714.

(1) Toulouse, 25 juillet 1809, Dalloz. V° Minorité, n° 686. — Paris, 9 août 1811, Dalloz. V° Minorité, n° 687 et S. 1311, 2, 475. — Amiens, 23 février 1814, S. 1815, I, 361. — Grenoble, 5 avril 1819, S. 1820, I, 368. — Agen, 19 février 1830, S. 1832, II, 58. — Lyon, 11 juin 1856, S. 1856, II, 226; D. 1857, II, 9. — Lyon, 8 mars 1859, S. 1860, II, 431, et D. 1859, II, 141. — Rennes, 9 janvier 1867, S. 1867, II, 135. — Paris, 19 mai 1882, S. 1882, II, 164. — Nimes, 15 février 1887, S. 1887, II, 172. — Paris, 28 juillet 1892, S. 1893, II, 24; D. 1892, II, 544. — Caen, 14 décembre 1896, S. 1897, II, 37. — Paris, 17 mars 1897; D, 1897, II, 215. — Cass. Req. 16 novembre 1898, D. 1899, I, 218.

filiation légalement constatée peut résulter de reconnaissances simultanées ou de reconnaissances faites à des époques différentes; il se peut enfin, que l'enfant naturel n'ait été reconnu ni par son père, ni par sa mère. Mais l'étude de la situation de l'enfant naturel sans filiation connue sera, d'après le plan que nous avons adopté, examinée dans la deuxième partie.

Première hypothèse. — L'enfant naturel n'a été reconnu que par l'un de ses auteurs. La tutelle légale appartiendra dans ce cas à celui qui l'aura reconnu sans distinguer si la reconnaissance émane du père ou de la mère.

Deuxième hypothèse. — L'enfant naturel a été reconnu simultanément par ses deux auteurs.

Auquel des deux la préférence sera-t-elle due quand le père et la mère se disputeront la tutelle de l'enfant ? Les règles qui existent pour les parents légitimes ne sont pas applicables aux parents naturels.

C'est à la puissance maritale que le père légitime doit la préférence de la loi ; or, le père naturel n'a aucune autorité, aucune puissance sur la mère naturelle. Pour les enfants légitimes, le mariage présente une situation régulière et normale; les époux vivent ensemble, leur condition sociale, leurs goûts, leurs intérêts sont généralement les mêmes. La situation des parents naturels n'est pas celle-là : ils vivent le plus souvent éloignés l'un de l'autre; leur condition sociale, leurs habitudes, leur fortune sont généralement différentes, l'un s'est peut-être marié depuis la reconnaissance et l'autre est resté libre. L'un est peut-être honorable, l'autre n'offre aucune garantie morale.

De ces oppositions résulte une difficulté sérieuse pour poser *à priori* des règles fixés sur le choix du tuteur légal quand le père et la mère réclament à la fois cette qualité [1]. Il en est de même, dans un conflit semblable à propos de l'attribution des droits de puissance paternelle au père ou à la mère naturelle, et l'ancienne jurisprudence nous montre la même réserve [2]. Ces considérations expliquent qu'un pouvoir discrétionnaire ait été laissé aux tribunaux pour trancher le conflit.

La jurisprudence a cherché des règles dans un rapprochement avec la situation de l'enfant après le divorce de ses parents. Entre ceux dont le mariage n'a jamais existé et ceux dont le mariage a été dissous, il y a une analogie presque complète au point de vue des enfants, et les articles 302 et 303 du Code civil fournissent aux tribunaux des règles qui devront les guider quand ils auront à se prononcer entre le père et la mère naturels, pour leur déférer la tutelle. Ils prendront en considération avant tout « *le plus grand avantage de l'enfant* ». Néanmoins, tous les deux conserveront le droit de surveiller l'éducation et l'entretien, et tous deux devront y contribuer. C'est sur ces données que les tribunaux donneront la préférence au père ou à la mère de l'enfant naturel.

Si par hasard tous deux ont, à la naissance, abandonné leur enfant, celui qui l'aura réclamé le premier aura ainsi donné des preuves d'affection, qui seront des garanties

(1) Marchand, *Code de la Minorité*, p. 229.

(2) Merlin. Répertoire, t. IX, mot : Education.

dans l'intérêt du mineur; c'est à celui-là que la tutelle devra être déférée.

Si l'un des deux auteurs s'est marié, il a voué l'enfant naturel à une illégitimité irréparable, et c'est à l'autre que devra revenir le droit de tutelle.

Si l'un des deux auteurs jouit de l'estime générale et que l'autre soit déconsidéré, c'est au premier que les tribunaux devront, dans l'intérêt de l'enfant, confier la tutelle[1].

Ainsi la tutelle de l'enfant naturel, que nous avons reconnue légale en principe, devient dative quand les deux auteurs réclament en même temps la qualité de tuteur. C'est, en dégageant l'intérêt du mineur et en le prenant pour guide, que les tribunaux devront trancher le conflit.

Troisième hypothèse. — L'enfant naturel a été reconnu par ses deux auteurs à différentes époques.

S'il n'y a pas encore de tutelle organisée au moment où se produit la seconde reconnaissance et que la nécessité d'une protection tutélaire ne se présente qu'au moment où l'enfant a été reconnu par ses deux auteurs, on appliquera les principes que nous avons indiqués dans l'hypothèse précédente. Les tribunaux en cas de conflit useront du pouvoir discrétionnaire que nous leur avons reconnu. Mais, au contraire, si l'un des deux auteurs était tuteur légal au moment de la seconde reconnaissance, la tutelle lui sera conservée sans distinguer si elle est exercée par le père ou par la mère. L'aveu attributif de filiation constitue par lui-

(1) Chardon, *Traité des trois puissances*, t. II, p. 74 et suiv.

même un titre de préférence qu'une reconnaissance postérieure ne peut faire méconnaitre.

Quatrième hypothèse. — L'enfant, ayant été l'objet d'une double reconnaissance, perd l'un de ses auteurs.

Dans ce cas, c'est le survivant qui exercera la tutelle.

Si la tutelle était ouverte et que celui des auteurs qui l'exerçait fut mort ou absent, incapable ou indigne ou empêché de continuer sa gestion pour une raison quelconque, l'autre en serait investi de plein droit, sans avoir à se faire agréer soit par un conseil de famille, soit par les tribunaux [1].

Cinquième hypothèse. — L'enfant naturel reconnu par ses deux auteurs a été légitimé par mariage subséquent.

Nous supposons que l'un des deux auteurs était tuteur légal au moment où s'est produite la légitimation. Le mariage annihilera tous droits de tutelle antérieurement acquis ; il produira des effets normaux : le père aura les droits d'administration légale et de jouissance sur les biens de ses enfants ; toutefois, la légitimation ne produira pas d'effets rétroactifs, et le droit de jouissance légale ne prendra naissance qu'au moment même où se produira le changement dans l'état et la condition de l'enfant.

D'après l'article 394 du Code civil, la mère n'est pas tenue d'accepter la tutelle. Cette disposition nous paraît applicable à la mère naturelle tutrice légale. La filiation

(1) Grenoble, 21 juillet 1836, S. 37, II. 471 ; D. 37, II, 157. — Alger, 17 mars 1875, S. 75, II, 176. — Chardon. *Les trois puissances*, t. II, p. 71.

de l'enfant importe peu et l'intérêt du mineur nous paraît justifier l'étendue de cette disposition à la mère naturelle. Les mêmes motifs d'application existent, que la tutrice soit mère légitime ou mère naturelle. Le législateur a autorisé la mère à refuser la tutelle, en se basant sur cette observation que les femmes sont en général sans expérience des affaires, et qu'une gestion entre des mains inhabiles ne peut offrir qu'une garantie douteuse. La mère naturelle peut, tout comme la mère légitime, craindre que la tutelle ne soit une charge au-dessus de ses forces et elle peut refuser de l'exercer. L'article 394 du Code civil lui sera applicable en entier, et si elle se décide à ne pas accepter la tutelle, elle devra néanmoins en remplir les fonctions jusqu'à ce qu'elle ait fait nommer un tuteur par le conseil de famille.

[1] Il a été jugé que la mère, qui a renoncé à la tutelle, n'est plus admise à revenir sur sa renonciation, alors surtout qu'il résulte de la délibération du conseil de famille portant nomination d'un autre tuteur à l'enfant naturel, qu'elle ne sait ni lire ni écrire et qu'elle n'a pas une conduite régulière. Les circonstances particulières aux affaires de ce genre où la conduite et la moralité de la mère doivent être pesées avec soin, ont influé sur la décision des magistrats, mais nous pensons qu'en principe, la mère a toujours le droit de réclamer la tutelle [2].

Quant au père naturel, il sera, comme le père légitime,

(1) 7 juin 1820, Cass. req., D. Rep., v° Minorité, n° 694.

(2) Dalloz, Rép., v° Minorité, n° 694.

tenu d'accepter la tutelle, à moins toutefois qu'il ne se trouve dans un des cas d'exclusions d'incapacités ou d'excuses, admis par la loi.

§ 2. — Obligations du tuteur légal en ce qui concerne les biens de l'enfant naturel

Ayant admis le principe d'attribution du droit de tutelle légale aux parents naturels, il faut en admettre les conséquences. Les droits et obligations du tuteur légal de l'enfant naturel seront les mêmes que ceux du tuteur de l'enfant légitime.

D'après l'article 2121 du Code civil, ses biens seront grevés d'une hypothèque légale au profit du mineur; d'après l'article 421, il devra avant d'entrer en fonctions, faire convoquer, pour la nomination d'un subrogé-tuteur, un conseil de famille; d'après le même texte, s'il s'est ingéré dans la gestion avant d'avoir rempli cette formalité, le conseil de famille pourra, s'il y a eu dol, lui retirer la tutelle, sans préjudice des indemnités dues au mineur.

§ 3. — Particularités de la tutelle déférée à la mère naturelle

N° 1. — *Du Conseil de tutelle*

Le père naturel peut-il nommer à la mère survivante un conseil de tutelle ?

Pour que la question puisse se poser, il faut nécessairement que le mineur ait été l'objet d'une double reconnaissance et que l'on applique aux enfants naturels le système de la tutelle légale. Le père naturel sachant qu'à sa mort la tutelle passera à la mère naturelle veut nommer à cette dernière un conseil de tutelle. En a-t-il le droit? Peut-on appliquer les articles 391 et 392 du Code civil aux parents naturels?

La négative est généralement admise (1) : ces articles, a-t-on dit, ne s'expliquent que par l'influence maritale et doivent par suite demeurer étrangers aux parents illégitimes. Pour le prouver, on fait remarquer que le père ne peut nommer un conseil de tutelle qu'à la mère et non pas à un autre tuteur : ce qui montrerait que ce droit de restreindre l'autorité tutélaire de la mère dérive bien de la puissance maritale dont le père est investi.

L'argument nous paraîtrait plus probant, si la même hypothèse se présentant avec une autre personne que le mari, cette autre personne ne pouvait restreindre l'autorité tutélaire de la mère; on pourrait en conclure que l'article 391 du Code civil constitue une prérogative de la puissance maritale à laquelle le père naturel ne pourrait évidemment prétendre.

Quel est le but que s'est proposé le législateur en accordant au père le droit de nommer un conseil à la mère survivante? Il a voulu simplement protéger le mineur contre l'incapacité de la tutrice éventuelle. Dans l'hypothèse prévue, non seulement la tutelle est exceptionnelle-

(1) Aubry et Rau, t. VI, p. 215, § 571, note 14. — Demolombe, t. VIII, p. 269. — Cubain, *Du droit des femmes*, p. 54.

ment déférée à une femme, mais encore c'est de plein droit et sans examen préalable de sa capacité.

Dans cette matière toute spéciale de la tutelle, où tous les efforts du législateur se sont concentrés sur un seul et même point, qui est l'intérêt du mineur, on comprendra que la mère, à raison de la faiblesse du sexe, n'ait pas inspiré une confiance absolue pour la gestion des affaires de ses enfants. Pour protéger le mineur et parer aux inconvénients d'une tutelle déférée de plein droit, le législateur a permis au père de nommer un conseil à la mère survivante, ou bien il a autorisé cette dernière à ne pas accepter la tutelle. Dans le dernier cas, la mère conservera l'exercice des droits de puissance paternelle et il sera nommé un tuteur pour gérer les biens du mineur. Il y aura donc une autorité tutélaire et une autorité paternelle en action ; des conflits éclateront inévitablement, avec leurs conséquences désastreuses pour le mineur.

Pour éviter ce dédoublement de pouvoirs et ses résultats fâcheux, le législateur a permis de restreindre dans une certaine mesure, les pouvoirs tutélaires de la mère qui restera tutrice légale et exercera en fait la tutelle avec le concours d'un conseil. Le législateur a pensé que le père était le juge désigné de l'incapacité de la mère et de l'opportunité du conseil.

Telles sont les causes déterminantes des articles 391 et 392 du Code civil.

Nous avons à nous demander si l'application de ces dispositions peut être faite aux parents naturels. L'étude du texte n'autorise pas l'extension ; mais elle ne la condamne pas non plus. Nous transcrivons l'article 391 :

« Pourra, néanmoins, le père nommer à la mère survivante et tutrice, un conseil spécial sans l'avis duquel elle ne pourra faire aucun acte relatif à la tutelle.

Si le père spécifie les actes pour lesquels le conseil sera nommé, la tutrice sera habile à faire les autres sans son assistance ».

Il n'est parlé dans cet article que du père et non du mari ; sans en tirer précisément argument, nous constatons que rien dans sa rédaction ne s'oppose à en faire application aux parents naturels.

D'autre part, les mêmes raisons d'application des articles 391 et 392 nous paraissent exister quand il s'agit des parents naturels.

Le législateur a redouté dans l'intérêt du mineur l'ignorance des affaires dans laquelle vivent généralement les femmes ; il a présumé que la mère n'aurait pas des connaissances suffisantes pour gérer la fortune de ses enfants. Et cette présomption disparaitrait quand il s'agirait d'une mère illégitime ! c'est à la mère naturelle que l'on reconnaitrait une telle supériorité intellectuelle ! Où en serait la raison ? Le plus souvent, au contraire, les mères naturelles vivent dans un monde où les garanties intellectuelles ne sont guère meilleures que les garanties morales.

Voilà pourquoi les raisons de défiance qui ont inspiré au législateur les articles 391 et 392 nous paraissent aussi puissantes sinon davantage, quand il s'agit d'une mère naturelle.

Et d'ailleurs, si on refuse aux parents naturels l'application de l'article 391, à quels résultats fâcheux ne serons-nous pas conduits ? Nous verrons la mère naturelle traitée avec déférence, investie de toute confiance, tandis que la mère légitime sera de la part du législateur l'objet de mesures de méfiance.

Il nous semble que si la loi a des faveurs à accorder, ces faveurs sont acquises d'avance à la mère légitime. La dignité et l'honneur du mariage exigent qu'il ne soit pas fait une exception avantageuse pour la mère illégitime.

Ayant adopté le système de la tutelle légale pour les enfants naturels, nous ne verrions pas d'inconvénient à ce que l'on appliquât à leurs parents les articles 391 et 392 [1].

Le père naturel pourrait donc nommer un conseil de tutelle à la mère survivante.

Si le père spécifiait les actes pour lesquels le conseil sera nommé, la tutrice serait habile à faire les autres sans son assistance.

Par application de l'article 392 du Code civil, le père naturel pourrait faire cette nomination par acte de dernière volonté ou par une déclaration faite devant le juge de paix assisté de son greffier ou devant notaires.

N° II. — *Du cas où la mère naturelle tutrice se marierait sans avoir consulté le conseil de famille.*

Les articles 395 et 396 du Code civil s'appliquent-ils à la mère naturelle qui se marie ?

(1) Sic. Dalloz. Repertoire, v° Minorité, n° 696 et supplément, v° Minorité, n° 641. — Loiseau. *Traité des Enfants naturels*, p. 539.

Ces articles sont ainsi conçus : l'article 395, « Si la mère tutrice veut se remarier, elle devra, avant l'acte de mariage, convoquer le conseil de famille qui décidera si la tutelle doit lui être conservée. A défaut de cette convocation, elle perdra la tutelle de plein droit, et son nouveau mari sera responsable de toutes les suites de la tutelle qu'elle aura indûment conservée. »

Et l'article 396 s'exprime ainsi : « Lorsque le conseil de famille dûment convoqué conservera la tutelle à la mère, il lui donnera nécessairement pour co-tuteur le second mari, qui deviendra solidairement responsable, avec sa femme, de la gestion postérieure au mariage. »

Ces dispositions légales sont-elles applicables à la mère de l'enfant naturel ?

Doit-elle, lorsqu'elle veut se marier, convoquer préalablement le conseil de famille ? Doit-on, si on lui conserve la tutelle, lui donner le mari pour co-tuteur ?

A défaut de convocation du conseil de famille, la mère mariée avec un autre que le père de l'enfant, perd-elle de plein droit la tutelle, et son mari est-il responsable avec elle des suites de la gestion indûment conservée ?

Pour nous, qui avons admis la tutelle légale pour les enfants naturels et qui avons reconnu, en principe, que toutes les règles de la tutelle des enfants légitimes doivent s'appliquer à la tutelle des enfants illégitimes, sauf les impossibilités résultant des différences de situations, les réponses à ces diverses questions ne peuvent être hésitantes.

Les articles 395 et 396 du Code civil nous paraissent

parfaitement applicables aux parents naturels. La majorité des auteurs est dans ce sens[1] et, même parmi ceux qui ne veulent admettre que la tutelle dative pour les enfants naturels, il en est certains à qui l'application de ces articles paraît évidente[2]. Et ce sont ceux-là même qui, dans la discussion de l'extension aux parents naturels de l'article 390, sont demeurés irréductiblement liés à une interprétation rigoureuse par les mots « après la dissolution du mariage » ; dans les articles 395 et 396 dont nous nous occupons en ce moment, les mots « remarier » « nouveau mari » « second mari » n'ont cependant pas arrêté ces mêmes auteurs et ils ont été disposés à passer outre.

Il y a pour déterminer à attribuer ces dispositions aux parents naturels, une complète identité de motifs. Le but du législateur, en édictant les articles 395 et 396, a été de protéger le mineur dans la nouvelle situation que va créer pour lui le second mariage de la mère ; il a redouté pour l'enfant l'influence néfaste du second mari. N'y a-t-il pas les mêmes craintes à avoir et par suite les mêmes précautions à prendre quand il s'agit d'un enfant illégitime ? l'aversion du mari sera peut-être plus terrible encore pour un enfant naturel qui rappelle une faute que son existence même rend inoubliable ?

Il peut se faire que le père de cet enfant soit vivant

(1) Loiseau. *Des Enfants naturels*, p. 539. — Magnin. *Traité des Minorités*, p. 384. — Aubry et Rau. § 571, note 14, p. 213. — Dalloz. V° Minorité, n° 695.

(2) Demolombe. t. VIII, pp. 273 et 274.

encore et connu du mari ; par sa présence, il fournira des motifs de haine dont l'enfant sera l'innocente victime.

Ainsi, il y a une analogie complète de motifs, et s'il y avait une différence à faire, ce serait en faveur de l'enfant naturel dont la situation malheureuse justifie encore plus que pour l'enfant légitime les mesures protectrices pour le mineur, qui sont contenues dans les articles 395 et 396 du Code civil.

Cette interprétation entre d'ailleurs parfaitement dans l'esprit de la loi. Le législateur montre dans ces articles une certaine méfiance à l'égard de la mère légitime qui n'a donné pourtant aucune preuve de faiblesse ; n'est-il pas naturel qu'il use au moins de la même rigueur à l'égard de la mère naturelle qui n'est pas sans reproche ? On comprend à quel spectacle fâcheux l'interprétation contraire aboutirait : à nous montrer le législateur comblant de faveurs la mère naturelle et réservant toutes les rigueurs de la loi pour la mère légitime ! Une pareille solution est invraisemblable.

La cour de Paris, dans un arrêt du 31 août 1815, après s'être abstenue de trancher la question de savoir si les parents naturels ont droit à la tutelle légale, déclare que le fait de ne pas avoir convoqué le conseil de famille fait perdre de plein droit la tutelle à la mère naturelle [1].

Dans le même sens, un arrêt du 8 mars 1859 de la Cour d'appel de Lyon décide que la mère qui se marierait avec un autre que le père de son enfant naturel reconnu, sans

(1) Cass. Req. 31 août 1815, S. 1815, I, 361 et D. Rep. v° *Minorité*, n° 695.

avoir convoqué, au préalable, le conseil de famille, perdrait de plein droit la tutelle [1].

Les causes générales d'incapacité, d'exclusion, de destitution, d'excuses s'appliquent aux parents naturels. L'article 395 prévoit, il est vrai, non pas une destitution mais une déchéance [2]. Mais il n'en est pas moins vrai qu'elle présente un caractère particulier de gravité, et on ne verrait pas vraiment pourquoi les parents naturels se constitueraient, à ce point de vue, une exception de faveur.

Si le mari a ignoré l'existence de l'enfant naturel, on ne pourra lui reprocher de s'être rendu complice de la faute commise par sa femme en ne convoquant pas le conseil de famille et, dès lors, les sanctions des articles 395 et 396 ne s'appliqueront pas à lui ; il en est d'ailleurs ainsi quand le second mari a ignoré l'existence d'un enfant du premier lit.

Ainsi nous assimilons la mère naturelle qui se marie à la mère légitime qui se remarie : il faut donc, sur toutes ces questions, admettre toutes les solutions qui sont admises quand la mère est légitime.

Le mari de la mère naturelle sera donc co-tuteur ; c'est la condition *sine quâ non* de la conservation de la tutelle entre les mains de la mère [3].

Si la mère cesse d'être tutrice, le mari cesse d'être tuteur ; s'il est excusé, ou destitué, la tutelle de la mère

(1) Lyon, 8 mars 1859, S. 1860, II, 431 et D. 1859, II, 141. Cass. Civ. 10 novembre 1896, D. 1897, I, 209.

(2) Demolombe, t. VIII, p. 273.

(3) Cubain, *Traité des droits des femmes*, p. 55.

cesse également ; il sera de plus solidairement responsable avec la mère. La co-tutelle n'est, en somme, qu'une modalité de la tutelle, et ce titre entraîne par suite pour le mari les mêmes conséquences que le titre de tuteur : obligation de gérer la tutelle, d'en rendre compte, responsabilité de la gestion et garantie de l'hypothèque légale (article 2121 du Code civil).

Le mari co-tuteur sera donc solidairement responsable de la gestion postérieure au mariage, en application de l'article 396 du Code civil [1].

Ces dernières solutions sont consacrées par un arrêt de la Cour de Caen du 22 mars 1860 [2]. Dans l'espèce, une demoiselle M..., qui avait une fille naturelle dont elle était la tutrice, s'était mariée avec un autre que le père de l'enfant, sans convoquer le conseil de famille, pour savoir si la tutelle lui serait conservée.

L'arrêt est formulé ainsi :

« Considérant que la même responsabilité doit être prononcée pour le reliquat du compte de tutelle, car la demoiselle M..., avant de contracter mariage, n'a pas convoqué le conseil de famille pour décider si la tutelle lui serait conservée ; que l'article 395 du Code Napoléon a eu pour objet de protéger le mineur, et que ce motif se représente aussi bien lorsqu'il s'agit d'un enfant naturel que lorsqu'il s'agit d'un enfant légitime, que tel est, au surplus, l'état de la doctrine et de la jurisprudence ; qu'il en serait sans doute autrement pour le cas où le mari n'aurait pas

(1) Demolombe, t. VIII, p. 274.

(2) Caen, 22 mars 1860, S. 1860, II, 610.

eu connaissance de la position de la femme, mais que, dans l'espèce. L..., qui habitait dans la commune de Bazenville, n'a pu ignorer que la demoiselle M... avait une fille qu'elle élevait dans sa maison, avait soutenu pour elle un procès considérable et qu'elle administrait les biens que cette enfant avait recueillis dans la succession de H..., son père naturel, qu'il y a donc lieu de rendre L... responsable de toutes les suites de la tutelle, et ces suites, qui sont indivisibles, se rattachent, sans distinction de date, à toutes les opérations de la tutelle. »

N° III. — *De la possibilité de la nomination d'un curateur au ventre à la mère naturelle*

Nous avons d'abord à rechercher si l'institution d'un curateur au ventre est susceptible de présenter quelque intérêt en matière de filiation naturelle.

Le but, que s'est proposé le législateur, en édictant l'article 393, a été de protéger les intérêts de l'enfant à naître et de toutes les autres personnes pouvant avoir des droits sur la succession du père prédécédé. A ce titre, le curateur au ventre a pour mission de surveiller la mère et de l'empêcher de commettre diverses fraudes dont les principales consistent dans la suppression de part, la supposition de part et la substitution de part.

Une suppression de part est à craindre lorsque la femme est donataire ou légataire universelle de son mari ; l'enfant qui va naître réduira de moitié la libéralité qu'elle a reçue ; elle a donc intérêt à faire disparaître cet enfant et à soutenir qu'elle n'en a jamais eu. Le curateur au ventre empêchera la mère de commettre cet acte criminel.

La suppression de part serait-elle à redouter chez la mère naturelle? Y a-t-il un intérêt pécuniaire qui pourrait pousser la mère à faire disparaître l'enfant naturel qui va naître? Cet intérêt existe certainement si nous supposons que la mère a été, de la part du père naturel, l'objet d'un don ou d'un legs; l'enfant naturel a droit à une réserve qui est de la moitié d'après l'article 915 du Code civil. Comme la mère légitime, la mère naturelle peut donc tirer profit de la suppression de part.

La supposition de part est à redouter dans l'hypothèse inverse, pour la mère légitime. La mère, qui se trouve veuve, sans enfants, et qui n'a reçu aucune libéralité, verra toute la fortune de son mari passer aux héritiers de ce dernier, n'ayant droit elle-même qu'à l'usufruit que la loi du 6 mars 1891 accorde au conjoint survivant; en simulant une grossesse et en faisant passer un autre enfant pour le sien, elle aura, pendant de longues années, la jouissance légale de la fortune de son mari. Cet intérêt pourra la déterminer à commettre cette fraude que le curateur au ventre a encore pour but de déjouer.

La supposition de part est-elle à craindre de la part d'une mère naturelle? Nous n'en voyons pas pour elle l'intérêt; elle ne peut, en effet, escompter le droit d'usufruit, puisque ce droit constitue une prérogative de la paternité légitime. Et dès lors, pourquoi imputer à la mère l'intention de commettre une fraude à laquelle aucun intérêt ne peut la pousser.

Il en sera de même pour la substitution de part ; en substituant à l'enfant mort-né un enfant vivant et viable, la mère légitime s'assurera les revenus de l'usufruit paternel ; la mère naturelle ne pouvant compter sur un tel profit n'aura pas de raison pour commettre cette fraude.

Ainsi, la suppression de part est la seule fraude qui pourrait intéresser la mère naturelle, et c'est le seul cas où la nomination d'un curateur au ventre pourrait s'expliquer dans l'intérêt de l'enfant à naître.

Il nous reste à nous demander si cette institution est juridiquement possible, lorsqu'il s'agit d'une mère naturelle. L'enfant naturel peut-il être reconnu avant sa naissance ? La grande majorité des auteurs [1] répond par l'affirmative en se basant sur l'intérêt de l'enfant à naître, qui a droit à l'application de la maxime « *Infans conceptus pro nato habetur, quoties de commodis ejus agitur* », et sur l'intérêt du père et de la mère qui peuvent songer à une semblable reconnaissance, en prévision du cas où ils viendraient à mourir avant sa naissance. La jurisprudence [2] est dans le même sens. Parmi les arrêts qui ont été rendus, il en est un de la Cour de Toulouse, confirmé par la Cour de Cassation le 13 juillet 1886 [3], qui ne laisse aucun doute,

(1) Loiseau. *Des Enfants naturels*, p. 421. — Delvincourt, t. 1, p. 235. — Marcadé. Sur l'article 334, n° 2. — Demolombe. Patern. et filiation, n° 414. — Massé et Vergé sur Zachariae, p. 320. — Aubry et Rau. t. VI, p 163, § 568, note 27. — Laurent. t. IV, n° 42. — Baudry-Lacantinerie. t. 1, p. 556.

(2) Aix, 10 février 1806 et 3 décembre 1807, S. 1807, II, 1 et 693. — Paris, 1er février 1812, S. 1812, II, p. 61. — Metz, 19 août 1824, S. 1825, II, 296.

(3) Cassation, 13 juillet 1886, S. 1887, 1, 65 et 2 janvier 1895, S. 1895, 1, 115.

étant donnée la particularité des espèces. Il s'agissait d'une jeune fille, qui pour se venger d'avoir été abandonnée en état de grossesse, tira un coup de revolver sur son séducteur. Ce dernier qui se croyait mortellement frappé, déclara, au cours de l'instruction sur flagrant délit faite par le juge de paix, qu'il avait eu avec la jeune fille incriminée des relations à la suite desquelles cette dernière était devenue grosse.

Ces déclarations, reçues au cours d'une procédure faite par le magistrat instructeur, furent reconnues suffisantes et emportèrent reconnaissance de l'enfant, qui naquit postérieurement à cette date.

L'institution d'un curateur au ventre à nommer à la mère naturelle peut donc présenter un intérêt pratique et de plus elle est possible en droit, puisque rien ne s'oppose à ce qu'un père naturel reconnaisse un enfant, simplement conçu.

Nous convenons qu'une semblable institution serait d'application très rare, et c'est d'ailleurs ce qui explique la complète absence de documents sur ce point. Néanmoins, si un père naturel, ayant reconnu son enfant avant sa naissance et ayant, d'autre part, légué toute sa fortune à la mère de cet enfant, une suppression de part était à craindre ; si la nomination d'un curateur au ventre à la mère naturelle s'expliquait en un mot, nous ne voyons pas pourquoi on ne ferait pas application de l'article 393.

Pour nous qui avons admis, pour l'enfant naturel, la possibilité de la tutelle légale, nous pensons que la tutelle serait, à la naissance de l'enfant, déférée de plein droit à la mère et que le curateur au ventre deviendrait de droit cotuteur.

SECTION II

De la tutelle déférée par le pere ou la mère.

Le droit de nommer un tuteur testamentaire est déféré au père ou à la mère légitime par l'article 397 du Code civil, dans les termes suivants :

« Le droit individuel de choisir un tuteur, parent ou « même étranger, n'appartient qu'au dernier mourant des « père et mère. »

Les parents naturels peuvent-ils invoquer cette disposition en leur faveur et nommer, dans les formes prescrites par l'article 398, un tuteur à leur enfant ?

L'étude du texte ne nous conduit pas à un pareil résultat, c'est certain, mais elle ne condamne pas davantage son extension. La tutelle testamentaire n'est qu'une prolongation de la tutelle légitime des père et mère et, pour l'attribuer aux parents naturels, nous invoquerons les mêmes raisons qui nous ont fait accorder à ces derniers l'application de l'article 390 constitutif de la tutelle légale. Comme la tutelle légitime, la tutelle testamentaire n'est qu'une émanation de la puissance paternelle[1]; elle en est

(1) Comp. de Fréminville, *De la Minorité et de la Tutelle*, t. I, pp. 91 et 99.

un attribut si naturel que le droit qu'elle confère peut être exercé par le père ou la mère, même en état de minorité[1].

Sous l'empire du Droit romain, le père, seul, avait le droit de nommer un tuteur à son enfant mineur et ce pouvoir était une prérogative de la puissance paternelle, qui n'appartenait qu'au père.

Le dernier mourant a en lui, *in se*, le droit de choisir un tuteur, et ce droit, il le tient de sa qualité de père ou de mère[2]. L'esprit de la loi se révèle dans les paroles du rapporteur du Tribunat :

« Il était tout naturel qu'en donnant la tutelle de plein « droit aux pères et mères, on leur conférât aussi le droit « de choisir un tuteur ; ainsi celui des parents que la « mort viendra arracher au fils dont il était le seul appui « sentira des regrets moins déchirants, s'il lui laisse un « ami, le choix de son cœur. Il meurt et sa tendresse « vivra encore près de cet enfant que la nature abandonne ». La base de ce droit réside dans l'affection du père qui choisit un ami pour le remplacer auprès de l'orphelin ; son unique fondement, c'est l'autorité du père ou de la mère qui se survit en désignant un tuteur à l'enfant que la mort va laisser sans protection.

Et l'expression : « je vous nomme le tuteur de mon enfant » pourrait se remplacer par cette autre : « je vous choisis pour prolonger mon existence dans la personne de mes enfants[3] ».

(1) Aubry et Rau, t. I, p. 491, § 89 *bis*.
(2) Dalloz, Rep. v° Minorité, n° 435.
(3) Magnin, *Traité des Minorités*, t. 1, p. 354.

Qu'aurait d'étrange, nous le demandons, un pareil langage ou une semblable pensée dans la bouche ou le cœur d'un père naturel ?

La nomination d'un tuteur testamentaire, dit Laurent, est une délégation que le dernier mourant fait des pouvoirs qu'il tient de la nature et de la loi.

Sur quel motif de droit pourrait-on se baser pour enlever au père naturel le pouvoir de délégation qu'il tient de sa qualité de père ? Combien sacrée, au contraire, nous paraît la dernière volonté d'un père naturel qui nomme un tuteur à l'enfant dont la mort le sépare.

L'enfant légitime a des ascendants, une famille, un conseil composé de parents et d'amis, qui prendra soin de lui [1] : l'enfant naturel n'a personne, il est seul au monde. De l'indifférence autour de lui et quelquefois de la haine à défaut d'affection. Combien sera précieux pour ce déshérité, l'ami, le protecteur que le dernier mourant des père et mère lui aura désigné ; c'est donc, dans l'intérêt du mineur que ce droit de nommer un tuteur doit être laissé aux parents naturels.

Rien dans l'étude du texte ne s'oppose à cette extension. L'article 397 du Code civil constitue une règle générale et on ne peut distinguer ce que la loi ne distingue pas.

D'autre part, l'article 397 ne s'explique par aucune considération qui soit spéciale aux parents légitimes ; il y a, au contraire, les mêmes motifs d'application qu'il s'agisse de parents naturels ou de parents légitimes ; c'est dans ce

(1) Laurent, t. IV, p. 528.

sens qu'a été rendu un jugement du tribunal de la Seine, le 8 mai 1868 [1].

Un arrêt de la Cour de cassation [2] nous donne d'une façon indirecte l'avis de la jurisprudence sur la question :

Le marquis de B... avait, par testament olographe, nommé sa cousine tutrice de ses enfants naturels. Cette nomination de tutrice ne fut pas reconnue valable comme contraire à la loi, qui exclut les femmes de toute tutelle autre que celle de leurs enfants et petits-enfants (art. 442); nous en concluons que si le testateur avait désigné un homme et non une femme, la nomination de tuteur eut été acceptée et reconnue valable.

De nombreux auteurs reconnaissent aux parents naturels le droit de tutelle testamentaire [3]; ceux qui prétendent que cette espèce de tutelle doit demeurer étrangère aux parents naturels sont ceux qui leur refusent la tutelle légale [4]; la même logique qui les a conduits à ce résultat, nous a amené nous-mêmes à accorder aux parents naturels le droit de désigner un tuteur à leurs enfants.

Le principe d'application admis, les règles qui régissent cette tutelle seront applicables aux parents naturels. Par suite, ce droit de nommer un tuteur sera exercé dans les

(1) Affaire Dubuisson, tribunal de la Seine, 8 mai 1868, Journal *Le Droit*, année 1868.

(2) Cass. Req. 7 juin 1820, S. 1820, I, 368.

(3) Taulier, t. II, p. 22. — Magnin. *Traité des Minorités*, t. I, p. 375 — Marchand. *Code de la Minorité*, p. 380. — Aubry et Rau, t. VI, p. 214, § 571. — Vigié, t. I, p. 420.

(4) Demolombe, t. VIII, p. 270. — Baudry-Lacantinerie, t. I, p. 711. — Nimes, 15 février 1887, S. 1887, II, 172.

formes prescrites par l'article 392 du Code civil. La mère naturelle mariée à un autre que le père de l'enfant, et non maintenue dans la tutelle, ne pourra choisir un tuteur testamentaire (article 399).

Il a été jugé que la mère ne peut réclamer la tutelle de son enfant naturel, si l'enfant est pourvu d'un tuteur que lui a nommé le père avec le consentement de la mère [1].

Cette décision fait une différence entre la tutelle de la mère naturelle et celle de la mère légitime.

Le consentement de la mère légitime au choix fait par le père ne constituerait pas un obstacle pour elle à ce qu'elle put réclamer la tutelle à quelque époque que ce fut. En principe pur, nous ne comprenons pas les raisons de cette différence.

SECTION III

Tutelle déférée par le Conseil de famille

D'après ceux qui ne reconnaissent pas aux parents naturels le droit de tutelle légale, il n'y a de possible pour les enfants nés hors mariage que la tutelle dative, et on devra, nécessairement et toujours, convoquer le conseil de famille pour désigner le tuteur.

(1) Trib. d'appel de Paris, 17 therm. an X. — Dalloz, rep. v° Minorité, n° 693.

Dans notre système, au contraire, cette espèce de tutelle n'interviendra que dans l'ordre légal qui lui a été assigné et on procèdera à son organisation quand il n'y aura pas possibilité d'appliquer à l'enfant naturel, ni la tutelle légale, ni la tutelle testamentaire. L'article 405 du Code civil dit que l'on nommera un tuteur au mineur non émancipé, lorsqu'il sera resté sans père ni mère, ni tuteur testamentaire ; il résulte de cette disposition qu'elle s'applique aux enfants naturels, comme aux enfants légitimes, puisqu'elle n'établit aucune distinction entre les uns et les autres et qu'elle s'étend à tout enfant mineur et non émancipé qui reste sans père ni mère.

Dans notre système, nous laissons à l'article 405 son application rationnelle et il y aura lieu à tutelle dative pour l'enfant naturel ;

1° Lorsqu'il restera sans père ni mère ; 2° lorsque la mère survivante refusera la tutelle ; 3° lorsque le tuteur légal ou le tuteur testamentaire seront excusés, exclus ou incapables ; 4° lorsque la mère naturelle se sera mariée sans avoir, au préalable, convoqué le conseil de famille et aura, de ce fait, perdu la tutelle.

Il n'y aura qu'une différence au point de vue de l'application de l'article 405 entre l'enfant naturel et l'enfant légitime ; c'est celle qui résulte de la limitation de parenté pour l'enfant né hors mariage. N'ayant légalement d'autres parents que ceux qui l'ont reconnu, il n'y aura jamais lieu pour lui à une tutelle d'ascendants ; cette tutelle existe, au contraire, pour l'enfant légitime et elle prime la tutelle dative.

Les articles 394 et 406 du Code civil indiquent à la requête de qui le conseil doit être convoqué pour nommer le tuteur ; certaines personnes sont tenues d'en requérir la convocation sous leur responsabilité pécuniaire : la mère survivante qui décline la tutelle (article 394), et le subrogé-tuteur (article 424). D'autres peuvent seulement requérir la convocation : parents, créanciers du mineur, autres parties intéressées, etc. (article 406 du Code civil).

Enfin le juge de paix doit, en vertu de ses pouvoirs, convoquer d'office le conseil.

Ces dispositions sont incontestablement applicables à la tutelle dative des enfants naturels.

Il est malheureusement à déplorer que ces motifs soient souvent insuffisants pour assurer un tuteur aux enfants nés hors mariage.

CHAPITRE III

Organisation de la Tutelle de l'Enfant naturel

SECTION PREMIÈRE

Lieu d'ouverture de la Tutelle

Dans toute tutelle, il est très important de déterminer son lieu d'ouverture, c'est-à-dire l'endroit où il faudra se placer pour l'organiser. La détermination de ce lieu est attributif de compétence pour le juge de paix chargé de la formation du conseil de famille. Dès que la tutelle sera ouverte, son siège sera irrévocablement fixé; c'est là qu'elle sera organisée et qu'elle fonctionnera pendant toute sa durée.

C'est le domicile de l'enfant au moment de l'ouverture de la tutelle, qui en déterminera le siège.

S'il s'agit d'un enfant légitime, son domicile sera celui qu'avaient les parents au moment où s'est produit l'événement qui a donné naissance à la tutelle.

S'il s'agit d'un enfant naturel, il en sera autrement; en principe, il est en tutelle à partir de sa naissance; c'est donc le domicile qu'avaient les parents à ce moment, qui déterminera, pour l'enfant naturel, le siège de la tutelle.

Dans un arrêt récent, la Cour de Cassation a rejeté cette détermination du lieu d'ouverture de la tutelle des enfants naturels. Dans l'espèce prévue par l'arrêt précité du 10 novembre 1896[1], un enfant naturel élevé par sa mère, avait été reconnu par elle plusieurs années après sa naissance, et un conseil de famille, réuni postérieurement à la reconnaissance, avait nommé la mère tutrice ; ce conseil de famille avait été tenu, non pas au lieu où la mère était domiciliée au moment de la naissance de l'enfant, et où elle se trouvait encore lors de la reconnaissance, mais au lieu où elle avait son domicile au moment de la constitution de la tutelle.

Plus tard, la mère de l'enfant naturel s'étant mariée, le conseil de famille fut réuni au même endroit, pour savoir si la tutelle devait être conservée à la mère.

Le pourvoi prétendait que le conseil de famille s'était réuni pour la nomination de la tutrice et son maintien devant un magistrat incompétent et demandait la nullité de ses délibérations ; motif était pris, de ce que l'enfant naturel est en tutelle à partir de sa naissance et que c'est au domicile qu'avait l'enfant à ce moment, que la tutelle doit être organisée ; or, il n'en avait pas été ainsi dans l'espèce, car l'enfant était né dans le Vme arrondissement de la ville de Paris où sa mère était aussi domiciliée au moment de la reconnaissance, et la tutelle avait été organisée dans le VIme arrondissement.

(1) Cass. civ., 10 novembre 1896. S., 1897, I, 321 et D., 1899, I, 209.

Le moyen, fondé sur l'incompétence du juge de paix du VIme arrondissement, fut rejeté par la chambre civile qui décida que la tutelle devait s'ouvrir au domicile que pouvait avoir le mineur au moment où naît pour lui la nécessité d'organiser la tutelle.

La Cour de Cassation, remarquons-le, n'affirme pas que le conseil a été régulièrement convoqué dans le VIme arrondissement, alors qu'il aurait dû l'être dans le Vme où d'après les espèces avaient eu lieu la naissance et la reconnaissance. La Cour se borne à décider que la Cour d'appel en admettant la compétence du juge de paix du VIme arrondissement n'a violé aucun texte.

Il est assez malaisé de démêler la pensée et la portée exacte de cet arrêt.

La Cour de Cassation a-t-elle entendu, en opposition avec la théorie jusqu'ici admise, affirmer, qu'en principe, les articles du Code relatifs à la tutelle des enfants légitimes ne s'appliquent pas à la tutelle des enfants naturels ? Ce serait une bien hardie innovation, à l'encontre des principes d'interprétation généralement admis. Néanmoins, il semble se dégager de l'arrêt, qu'il appartient exclusivement à la jurisprudence de déterminer comment les enfants naturels seront protégés pendant leur minorité.

Ainsi, la tutelle de l'enfant naturel serait soustraite à toute réglementation légale ; elle serait livrée à l'arbitraire du juge et les motifs de cassation tirés des défauts d'observation des règles qui organisent la tutelle en général ne seraient plus applicables, car on pourrait toujours répondre qu'aucun texte n'a été violé.

A notre avis, il ne peut en être ainsi, à moins de créer de toutes pièces des organismes nouveaux, étrangers à notre législation.

Si l'enfant naturel doit être mis en tutelle, et ce point est universellement admis, nous pensons que les règles constitutives de la tutelle devront être appliquées, que le mineur soit légitime ou naturel [1].

Nous persistons à croire, d'après l'opinion générale, que l'enfant illégitime sera en tutelle à partir de sa naissance et que le domicile du mineur à ce moment servira à déterminer le lieu d'ouverture de la tutelle.

Si l'enfant a été reconnu par le père et par la mère, c'est le domicile qu'aura le père, au moment de la naissance de l'enfant, qui fixera le siège de la tutelle.

Si l'enfant n'a été reconnu que par un de ses auteurs, il ne saurait y avoir de difficultés ; c'est le domicile qu'avait cet auteur au moment de la naissance qui sera pris en considération pour déterminer le lieu d'ouverture.

SECTION DEUXIÈME

Du tuteur.

Les règles spéciales applicables au tuteur sont les mêmes, qu'il s'agisse du tuteur d'un enfant légitime ou du

(1) Note de M. Léon Michel : D. 1899, 1, 209.

tuteur d'un enfant naturel. La charge est publique, personnelle et gratuite ; elle conserve ses caractères, quelle que soit la filiation de l'enfant.

Comme le tuteur d'un enfant légitime, le tuteur de l'enfant naturel sera soumis aux mêmes responsabilités morales et pécuniaires, et ses biens seront, à titre de garanties, grevés de l'hypothèque légale de l'article 2121 du Code civil, sauf le cas spécial prévu par l'article 10 de la loi du 24 juillet 1889.

L'obligation de gérer la tutelle prendra naissance pour le tuteur de l'enfant naturel au moment où, comme le tuteur de l'enfant légitime, il connaîtra le fait qui l'investit de la tutelle.

En application de ce principe, si, comme nous en avons admis la possibilité, l'un des auteurs de l'enfant naturel est tuteur légal, sa responsabilité commencera le jour de l'ouverture de la tutelle, qui est le jour de la naissance de l'enfant.

S'il s'agit d'un tuteur testamentaire, la tutelle datera du jour de l'ouverture de l'acte de dernière volonté qui l'investit de cette charge.

Enfin, s'il s'agit d'un tuteur nommé par le conseil de famille, la responsabilité du tuteur de l'enfant naturel, comme celle du tuteur de l'enfant légitime, commencera le jour de la nomination, s'il est présent à la délibération, et dans le cas contraire, le jour où il aura été touché par la notification qui devra lui en être faite (articles 418 du Code civil et 882 du Code de Procédure)...

La filiation du mineur ne saurait avoir aucune importance en ce qui concerne les règles établies par le Code dans la section VI (des causes qui dispensent de la tutelle); la section VII (des incapacités, des exclusions et destitutions de la tutelle); la section VIII (de l'administration du tuteur); la section IX (des comptes de tutelle)[1].

Ces diverses sections du chapitre de la tutelle renferment des principes généraux d'organisation et d'administration qui sont tout à fait indépendants de la situation légale de l'enfant. Qu'importe que le mineur soit enfant naturel ou légitime ? Il faut toujours gérer la tutelle et, dès lors, il faudra appliquer les règles générales établies dans le Code.

Le conseil de famille ou d'amis, dont nous étudierons plus loin la composition, a, en principe, une liberté absolue dans le choix du tuteur à donner à l'enfant naturel.

Ceux qui n'admettent pour l'enfant né hors mariage que la tutelle dative pensent, néanmoins, que les parents naturels, qui auront reconnu l'enfant, devront être appelés au conseil et que la tutelle pourra et devra même être déférée à l'un deux. Cependant dans le cas où on aura l'intention de déférer la tutelle à l'un des deux auteurs, on ne l'appellera pas au conseil. Pour ne pas déranger plusieurs fois les parents ou les amis, on procède dans la même séance à la nomination du tuteur et à celle du subrogé-tuteur. Or, d'après l'article 423 du Code civil, le tuteur ne doit pas voter pour la nomination du subrogé-tuteur;

(1) Dalloz, Répertoire, v° *Minorité*, n° 688. Demolombe, t. VIII, p. 263.

aussi en pratique, ne convoque-t-on pas la personne à qui on a l'intention de confier la tutelle.

Quant à nous, qui n'admettons pour l'enfant naturel la possibilité de la tutelle dative que dans le cas où l'article 405 du Code civil est applicable, c'est-à-dire lorsque le mineur est resté sans père ni mère nous pensons que le conseil de famille a une liberté absolue dans le choix du tuteur.

Le juge de paix choisira un ami du père ou de la mère de l'enfant naturel et pourra même désigner celui qui, n'ayant pas reconnu l'enfant, est réputé son auteur ; il pourra encore s'adresser à un des parents du père ou de la mère. Mais comme, dans ces divers cas, ce choix pourrait blesser des susceptibilités dont le mineur subirait le contre-coup, le juge de paix devra en cette délicate matière procéder avec la plus grande circonspection.

MODE DE NOMINATION DU TUTEUR

Le tuteur d'un enfant légitime, qui se trouve dans le cas prévu par l'article 405, est nommé par le conseil de famille. A défaut de parents, cette assemblée est composée de « citoyens connus pour avoir eu des relations d'amitié avec le père ou la mère du mineur » (article 409).

Lorsqu'il s'agit de nommer un tuteur à un enfant naturel, la limitation de parenté constitue une difficulté sérieuse pour former l'assemblée qui doit procéder à la nomination du tuteur. Peut-on parler vraiment de famille quand il s'agit d'un enfant naturel ? Où puiser dès lors les éléments de formation de ce conseil? Qui nommera un tuteur à l'enfant naturel resté sans père ni mère? La grande majorité des auteurs, s'appuyant sur une jurisprudence constante, répondent que c'est un conseil composé d'amis.

Mais la solution n'a pas été universellement admise. M. Laurent taxe ce système d'extra légal et il propose de confier au tribunal le soin de nommer directement un tuteur[1]. Le savant auteur belge reconnaît que les tribunaux n'ont plus de juridiction volontaire. Mais ce principe n'est pas absolu, d'après lui, et à l'appui de son opinion, il mentionne l'intervention des tribunaux dans divers cas de juridiction gracieuse, notamment en matière d'adoption et en matière de tutelle, pour homologuer les actes du conseil de famille. L'incompétence du tribunal civil ne serait donc pas absolue et son intervention dans la nomination du tuteur se comprendrait parfaitement. D'ailleurs, dit M. Laurent, il y a des auteurs qui enseignent que le tribunal nomme des tuteurs *ad hoc* quand la loi n'en a pas attribué la nomination au conseil de famille. Par exemple, l'article 159 du Code civil institue un tuteur *ad hoc* pour donner le consentement au mariage à l'enfant naturel et le conseil de famille n'intervient pas. D'après cet auteur, il en serait de même pour la tutelle; le tribunal civil nommerait un tuteur *ad hoc* pour administrer les biens et la personne de l'enfant naturel.

Sur quelle base juridique ce système s'appuie-t-il? Sur cette remarque, qu'il existe dans le Code certains arti-

(1) Laurent, t. IV, p. 529. — Ducaurroy, t. I, p. 445. — Baudry-Lacantinerie, t. I, p. 711.

cles qui donnent aux tribunaux le pouvoir d'homologuer les décisions des conseils de famille et le contrat d'adoption. Mais les articles 354 à 359 et 458 à 467 du Code civil, qui reconnaissent ces droits d'homologation, ne sauraient prouver qu'une chose : c'est l'existence même de ces droits. De ce que le législateur a cru devoir investir les tribunaux de ces pouvoirs dans certains cas strictement déterminés, il ne s'en suit pas que cette délégation doive s'étendre. Ces articles du Code constituent expressément des droits particuliers et, en l'absence de textes, nous ne pouvons nous fonder sur aucun motif pour attribuer une juridiction gracieuse aux tribunaux en matière de nomination de tuteur.

En admettant même la possibilité d'un procédé aussi facile, on aboutirait simplement à la nomination d'un tuteur *ad hoc*. Or, un tuteur *ad hoc* est un tuteur nommé pour accomplir un acte spécial et déterminé ; c'est un tuteur à mandat limité, qui ne doit intervenir que dans des cas exceptionnels ; sa raison d'être cesse en même temps que l'acte pour lequel il a été commis. L'assimilation n'est pas possible entre le tuteur dont les fonctions sont aussi éphémères et le tuteur d'un enfant naturel qui devra, pendant de longues années, vingt et un ans peut-être, remplir auprès du mineur le rôle que le conseil de famille lui aura confié.

En admettant même la possibilité d'un tuteur *ad hoc*, la difficulté ne serait que reculée. Par qui serait nommé le tuteur *ad hoc* ? M. Laurent répond : par le tribunal ; mais rien en droit n'autorise une pareille solution.

L'intention du législateur est manifeste dans l'action en

désaveu (article 318 du Code civil) : la loi veut que le mineur contre lequel l'action est intentée soit représenté par un tuteur *ad hoc*, même s'il a un tuteur ordinaire, parce que ce dernier étant le plus souvent parent du mari ou de la mère pourrait être intéressé au triomphe du désaveu. Ces mêmes motifs devraient, semble-t-il, exclure toute compétence de la part du conseil de famille pour la nomination du tuteur *ad hoc*. Les parents du mari sont suspects ; ceux de la mère, si cette dernière a des raisons pour ne pas vouloir défendre à l'action, peuvent être suspects à leur tour. Le conseil de famille tout entier peut fournir des motifs de suspicion. Cependant, en dépit de ces puissantes raisons, c'est au conseil de famille et non au tribunal que l'on confie le soin de nommer un tuteur *ad hoc*.

Le système de nomination de tuteur proposé par M. Laurent se retrouve dans les législations étrangères où la tutelle a le caractère d'une institution publique et non d'une institution de famille, comme en France.

Au point de vue général de la tutelle, il existe deux grands systèmes qui se partagent les législations européennes. Il y a la tutelle de famille et la tutelle de l'autorité.

Dans les pays qui ont adopté la tutelle de l'autorité, on confie la tutelle soit à des représentants de l'ordre judiciaire ou administratif, soit à des municipalités. Ce sont des magistrats qui nomment et contrôlent incessamment le tuteur, qui n'est entre leurs mains qu'un simple agent ; la tutelle émane toujours du juge représentant les pouvoirs publics : s'il a le devoir de tenir compte des dispositions testamentaires ou d'une proche parenté, ces titres ne suffisent qu'exceptionnellement ; il faut au tuteur une institution officielle[1].

C'est ainsi que la tutelle est organisée en Autriche et en Allemagne ; la délation de la tutelle ne peut présenter de difficultés ; c'est toujours le juge compétent qui est chargé de ce soin.

Mais cette organisation de la tutelle est propre au système même : c'est un système spécial propre à ces législations et nous ne saurions faire appel aux mêmes principes. Le système français est, au point de vue de la tutelle, tout différent de celui-là ; chez nous, en effet, le système de la tutelle de famille donne l'autorité prépondérante à un conseil de famille. Une place essentielle est faite aux parents et ce n'est que très subsidiairement que l'autorité judiciaire intervient.

Il nous est impossible d'aller puiser dans une théorie étrangère diamétralement opposée à la nôtre des principes utiles pour traiter la question qui nous occupe. A moins de créer un organisme nouveau et de faire la loi, nous devons nous en tenir à l'application des règles générales de la tutelle.

Nous pensons donc, contrairement à l'opinion de M. Laurent, que le tuteur de l'enfant naturel doit être nommé par un conseil d'amis dont nous étudierons plus loin la composition.

(1) Lehr. *La Tutelle des mineurs et le Conseil de famille.* (Recueil publié par la Faculté de Droit de Lausanne, p. 15 et suiv.)

La jurisprudence est dans le même sens ; nous citerons entr'autres un arrêt de la Cour de Cassation du 31 août 1815 de la Chambre de requêtes. Les époux L..... s'étaient pourvus en cassation contre un arrêt de la Cour d'appel d'Amiens du 23 juillet 1814 et un des motifs invoqués par eux était : « qu'il y avait contravention aux articles 405 et 407 du Code civil en ce qu'on avait composé pour le mineur (enfant naturel) un conseil de famille tandis que dans l'économie de la loi il n'en doit point exister; que cela résulte de l'article 159 portant qu'en cas de décès des père et mère naturels, c'est un tuteur *ad hoc* et non le conseil de famille qui consent à son mariage ; qu'en effet, il n'a pas de parenté, que ce sont les père et mère qui sont tuteurs de droit, qu'en tout cas c'est le juge qui doit nommer le tuteur[1] ».

La Cour de Cassation rejeta ce moyen et s'exprima ainsi : « Attendu que ce moyen n'est fondé sur aucun texte de loi. Attendu, en outre, que si, suivant le système des défendeurs, les juges auraient pu choisir par eux-mêmes le tuteur ou le subrogé-tuteur en s'aidant d'un conseil de famille, les mêmes juges n'ont fait qu'user de leur pouvoir avec plus de prudence et de religion. Attendu, enfin, que les demandeurs n'ont aucun intérêt à se plaindre de la convocation d'un conseil de famille dans lequel ayant été appelé le mari, le père et le beau-père de la mère naturelle, on a eu pour celle-ci et pour sa famille les mêmes égards

(1) Cass. req., 31 août 1815, S., 1815, 1, 361.

qu'on aurait dû avoir pour une mère et pour une famille légitime. »

SECTION TROISIÈME

Du Subrogé-Tuteur

« Dans toute tutelle, dit l'article 420 du Code civil, il y aura un subrogé-tuteur nommé par le conseil de famille ».

Dans toute tutelle, dit le texte; donc même dans les tutelles exceptionnelles comme celle des articles 141 et 142 du Code civil et par suite dans celle que nous étudions. Cette disposition s'applique évidemment à la tutelle des enfants naturels quelque soit le système de tutelle adopté.

La question de légitimité ne pouvant avoir aucune influence en cette matière, les règles générales établies dans la section V du Code civil doivent s'appliquer au subrogé-tuteur de l'enfant naturel.

Il ne peut exister de particularité que dans le choix du subrogé-tuteur.

D'une façon générale, la subrogé-tutelle nous parait devoir être confiée à celui des deux auteurs qui n'est pas chargé de la tutelle : à côté de l'administrateur, il faut un surveillant : c'est le subrogé-tuteur. Ce rôle semble convenir admirablement à l'un des deux auteurs ; personne n'exercera un contrôle plus vigilant, personne ne veillera plus scrupuleusement à la sauvegarde des intérêts de l'enfant.

En principe le conseil de famille aura pour la nomination du subrogé-tuteur la même latitude que pour celle du tuteur. L'article 423 du Code civil qui est restrictif pour le choix du tuteur de l'enfant légitime ne saurait s'appliquer dans la tutelle de l'enfant naturel.

Cet article, qui sert à éviter les ententes qui pourraient devenir préjudiciables, ne se comprend plus quand le mineur est un enfant naturel. Les membres de son conseil de famille sont étrangers entr'eux, il ne peut y avoir à redouter une communauté d'intérêts entre les deux familles puisque, par définition, l'enfant naturel n'a pas légalement de famille.

Ainsi le conseil de famille aura un pouvoir très discrétionnaire dans le choix du subrogé-tuteur de l'enfant naturel; il n'y aura aucune différence à faire avec le subrogé-tuteur d'un enfant légitime au point de vue des attributions des fonctions, du mode de nomination, etc. Les règles sont générales et doivent être appliquées sans qu'il soit nécessaire de faire des distinctions basées sur la filiation du mineur.

SECTION IV

Du Conseil de famille

Le Conseil de famille est l'organe délibérant de la tutelle, il est l'élément essentiel, indispensable de toute organisation tutélaire, et dans l'économie du Code civil on ne peut comprendre la possibilité d'une tutelle sans un conseil de famille. Le conseil de famille ou d'amis que l'on organisera pour l'enfant naturel ne différera en rien de celui de l'enfant légitime au point de vue de son rôle ou de ses attributions.

On appliquera, par conséquent, les règles générales établies dans le Code.

Ce conseil ne saurait présenter de particularités qu'au point de vue de sa composition.

COMPOSITION DU CONSEIL DE FAMILLE DE L'ENFANT NATUREL

Dans la section VI du Code civil, le législateur s'est occupé de l'organisation du conseil de famille et de l'étude des textes, il ressort que les dispositions législatives sur ce point ne sauraient intéresser que les enfants légitimes : l'absence complète de textes nous fait retomber dans les mêmes incertitudes, quand il est question des enfants naturels et le champ reste librement ouvert aux plus vives controverses.

On a d'abord contesté la possibilité d'un conseil de famille pour les enfants naturels. L'enfant illégitime n'a pas de famille, a-t-on dit, ou plutôt elle se limite rigoureusement aux auteurs qui l'ont reconnu ; les éléments de formation faisant totalement défaut, une assemblée de parents est impossible à constituer [1]. Pas de famille, par suite.

(1) Laurent, t. IV, p. 528. — Ducaurroy, t. I, p. 415.

pas de conseil de famille, et c'est sous la forme d'un axiome que certains auteurs ont prétendu étouffer tous les efforts tentés pour constituer un conseil à l'enfant naturel. C'est à tort, contrairement à tout principe de droit, a-t-on dit, que l'on prétend étendre aux enfants naturels les dispositions légales qui régissent l'organisation des conseils de famille de l'enfant légitime. L'article 409 du Code civil auquel on se rattache, autorise, il est vrai, le juge de paix à s'adresser à des personnes qui ne sont pas parentes ou alliées du mineur ; mais l'article 409 est un article rigoureusement exceptionnel. La preuve en est que le juge compétent ne peut faire appel à cet article que lorsqu'il se heurte à des difficultés qui rendent impossibles les règles générales établies par l'article 407 du Code civil ; c'est, par exemple, en cas d'insuffisance sur les lieux du nombre de parents ou alliés que l'on appellera des amis pour constituer le conseil et encore faudra-t-il que ces amis soient domiciliés dans la commune même où la tutelle s'est ouverte. L'article 409 constitue donc une exception et comme tel il doit être rigoureusement interprété ; ce serait abuser de la disposition que d'en faire une règle générale d'application très fréquente. D'autre part, le conseil de famille étant exclusivement composé d'amis, le juge de paix se verra peut-être dans la nécessité de choisir les membres du conseil de famille de l'enfant naturel hors de la commune et il sera fatalement obligé de violer l'article 409 du Code civil.

Les partisans de ce système poursuivent :

Les raisons qui ont déterminé les rédacteurs du Code à édicter cet article pour les enfants légitimes n'existent pas quand il s'agit d'enfants naturels. On comprend que le législateur ait songé à des étrangers pour constituer un conseil à l'enfant légitime. Ces personnes étrangères peuvent avoir eu avec les parents des relations d'amitié, et elles reporteront leur affection sur le mineur; il se peut qu'elles s'intéressent à l'enfant lui-même, l'ayant vu grandir et ayant pu l'aimer.

En sera-t-il ainsi s'il s'agit d'un enfant naturel ? Trouvera-t-on facilement des amis du père ou de la mère ? Voudront-ils s'intéresser à l'enfant illégitime ? Le connaîtront-ils, cet enfant, dont l'existence reste le plus souvent cachée ? Et si le père et la mère sont inconnus où ira-t-on chercher leurs amis ? Et même en admettant que ces difficultés soient aplanies et que l'on découvre des amis du père et de la mère, quelle sera, se demande-t-on, la valeur morale de ces prétendus amis ? Peut-on compter sur la situation et la moralité des amis de la mère par exemple ? Le conseil que l'on composera sera tout, excepté un conseil de famille, ce ne sera rien moins qu'un simulacre de conseil.

Et comment expliquer encore la liberté absolue qui sera laissée au juge de paix pour composer ce conseil ? Pour le conseil de l'enfant légitime, il existe des règles précises que le juge de paix doit simplement appliquer. S'il s'agit du conseil d'un enfant naturel, les règles positives n'existant plus, le juge de paix aura un pouvoir discrétionnaire très étendu; la qualité de souverain arbitre qu'on lui donne ne peut conduire qu'à l'arbitraire et il est impossible que l'on facilite ainsi au juge de paix les moyens de tomber dans cette voie sans exiger de lui une garantie ou une responsabilité.

Ainsi raisonnent les partisans du système que nous développons en ce moment ; ils trouvent des arguments dans l'économie même du Code civil. Il suffit, disent-ils, de se reporter au titre du mariage, pour reconnaître que le législateur n'entend pas appliquer aux enfants naturels les mêmes règles qu'aux enfants légitimes.

L'article 159 exige le consentement d'un conseil de famille pour les enfants légitimes et non pour les enfants naturels[1]. De même, en matière de tutelle officieuse, l'article 361 exige le consentement du conseil de famille à défaut de parents, tandis que le même article exige pour les enfants naturels, sans filiation connue, le consentement des administrateurs de l'hospice où l'enfant aura été recueilli ou celui de la municipalité du lieu de la résidence.

Sans doute, partout où il y a tutelle il y a conseil et les règles de la tutelle supposent nécessairement l'existence d'une assemblée investie des attributions qui sont conférées au conseil de famille. Mais cette assemblée n'est pas toujours composée de parents. La loi, par exemple, organise elle-même un conseil de tutelle pour les enfants admis dans les hospices (loi de pluviôse an XIII). Elle n'a pas davantage songé à un conseil de famille quand elle a exigé pour la tutelle officieuse le consentement de la municipalité du lieu de la résidence de l'enfant (article 361). Or, les administrateurs qui sont aujourd'hui comme à l'époque de

(1) Comp. Cass. 1 Rep. 31 août 1835, S. 1815, I, 361.

la promulgation du Code, le maire ou les adjoints ne peuvent être considérés comme un conseil de tutelle[1].

Il ne peut donc exister de conseil de famille pour les enfants nés hors mariage ; la loi, d'autre part, n'a organisé pour eux aucun conseil de tutelle ; le soin délicat de former un conseil de famille n'ayant pas été attribué au juge de paix, ce pouvoir appartient à la justice ordinaire de droit commun, c'est-à-dire au tribunal civil.

Ce système, qui a été développé longuement par Ducaurroy, prouve trop par lui-même, car les motifs qui sont exposés n'aboutiraient qu'à déclarer qu'il n'y a pas de conseil de famille possible pour les enfants naturels. Et pourtant s'il faut une tutelle, et sur ce point le doute n'est pas permis, il faudra par voie de conséquence un conseil de famille.

Après avoir longuement démontré que le conseil de famille ne pouvait exister pour l'enfant naturel, Ducaurroy a reculé devant les conclusions logiques de son système : après avoir déclaré qu'il n'y a pas de conseil de famille possible, cet auteur veut que le conseil soit nommé par le tribunal et non par le juge de paix.

La solution est vraiment surprenante ; que le pouvoir de nommer le conseil appartienne au tribunal ou au juge de paix, peu importe.

Un conseil de famille pour l'enfant naturel est possible ou ne l'est pas. S'il ne l'est pas, comme le prétend Ducaurroy, il n'y a plus à s'occuper de la façon dont

(1) Ducaurroy, t. I, p. 444 et suiv.

seront nommés les membres du conseil, car les mêmes motifs pour en nier la possibilité existeront et garderont toute leur valeur ; si le pouvoir de nommer le conseil est déféré au tribunal civil au lieu et place du juge de paix, ne pourra-t-on pas toujours dire que l'enfant n'a point de parents ; qu'il est impossible d'appliquer à une classe nombreuse de mineurs un article exceptionnel : que les amis des père et mère ne pourront se trouver et qu'ils ne présenteront dans tous les cas qu'une médiocre garantie morale, etc... ?

Le mode de nomination des membres du conseil de famille que propose Ducaurroy ne donnerait pas d'ailleurs des résultats concluants.

Sur quoi se fonderait la préférence que l'on accorderait au tribunal civil ? Pourrait-on espérer plus de garanties dans le choix des membres du conseil de famille ? Nous pensons qu'au contraire ce pouvoir convient bien mieux au juge de paix. Comme le dit Demolombe[1], ces fonctions sont en quelque sorte de l'essence de la magistrature paternelle des juges de paix. Le juge de paix est sur les lieux, il connaît les personnes et les situations, il est le mieux placé de tous pour s'entourer de tous les renseignements désirables et mener à bien la tâche délicate qui lui est confiée. Le tribunal, au contraire, situé à une plus grande distance, sera souvent embarrassé et ne pourra lui-même que s'en référer au juge de paix.

Et puis enfin, tout ce système s'écroule pour nous

(1) Demolombe, t. VIII, p. 265.

devant cette remarque indiscutable que les doctrines émises sur cette question n'aboutissent qu'à créer la loi de toutes pièces et à investir les tribunaux d'attributions qui ne sont pas de leur compétence.

Et d'ailleurs, les divers motifs que nous venons d'exposer et qui tendent à nier la possibilité d'un conseil de famille pour l'enfant naturel sont les mêmes qui ont inspiré M. Laurent; mais cet auteur, poussant jusqu'aux conclusions logiques de son raisonnement, supprime complètement le conseil de famille pour l'enfant naturel et propose de confier au tribunal le soin de nommer directement un tuteur.

Nous avons discuté la valeur des conclusions de ce système ; quant aux motifs de doctrine générale présentés par Ducaurroy et Laurent pour démontrer l'impossibilité juridique de créer un conseil de famille à l'enfant naturel, nous devons dire qu'ils ne nous ont pas paru concluants.

L'opinion que nous combattons a prétendu qu'il ne pouvait y avoir de conseil de famille, parce que l'enfant naturel n'avait pas de famille [1]. Qu'on ne pouvait user que d'un moyen extra-légal avec lequel on ne saurait aboutir d'ailleurs qu'à un simulacre de conseil.

Mais ne compose-t-on pas quelquefois de la même façon le conseil de l'enfant légitime? par exemple le conseil est composé de cinq amis et d'un seul parent ; cette assemblée n'en sera-t-elle pas moins un conseil de famille régulièrement composé au point de vue juridique? Bien

(1) Laurent. t. IV, p. 529. — Ducaurroy. t. I, p. 415.

mieux : je suppose qu'un enfant légitime se trouve sans parents ou que ceux-ci soient domiciliés à une distance telle qu'il soit impossible de songer à eux. Que fera-t-on dans ce cas ? on constituera quand même un conseil de famille et on ira chercher les membres qui devront le composer parmi des amis du père ou de la mère. Ce conseil composé exclusivement d'amis s'appellera tout de même conseil de famille ; il en aura toutes les attributions, tous les pouvoirs, et ses décisions seront aussi inattaquables que si elles émanaient d'un conseil normalement composé.

Pas de famille, donc pas de conseil de famille, a-t-on dit. Nous convenons que cette dénomination, qui est exacte quand elle s'applique à une assemblée composée des membres d'une famille, ne l'est plus et devient impropre quand elle sert à désigner la réunion d'étrangers devant délibérer sur les intérêts de l'enfant naturel.

Nous reconnaissons que le Code même a donné ce sens particulier aux expressions employées pour désigner le conseil délibérant de la tutelle. Le Code appelle, en effet, ces assemblées :

« Assemblées de parents », et les décisions rendues sont dites « délibérations du conseil de famille » (article 458 du Code civil, ou encore « avis de parents » (article 882, du Code de Procédure).

Mais dans tout cela il n'y a qu'une querelle de mots. L'expression conseil de famille est une appellation [1] fausse quand elle s'applique à l'enfant naturel, cela est certain ;

(1) Magnin. *Traité des Minorités*, p. 385. — Baudry-Lacantinerie, t. I, p. 712.

mais qu'on l'appelle conseil d'amis, et le reproche s'évanouit. D'ailleurs, il est évident que la dénomination de conseil d'amis conviendrait bien mieux à l'assemblée délibérant dans l'intérêt du mineur, sous la présidence du juge de paix; on peut même dire que c'est la seule qui serait propre.

On a encore contesté l'existence juridique d'un conseil, dit de famille et qui ne serait composé que d'étrangers.

Mais un conseil de famille composé exclusivement d'amis et qui pourrait s'appeler tout aussi bien conseil d'amis peut cependant exister juridiquement pour l'enfant légitime. L'article 409, que nous transcrivons, s'exprime ainsi : « Lorsque les parents ou alliés de l'une ou l'autre ligne se trouveront en nombre insuffisant sur les lieux ou dans la distance désignée par l'article 407, le juge de paix appellera soit des parents ou alliés domiciliés à de plus grandes distances, soit dans la commune même, des citoyens connus pour avoir eu des relations habituelles d'amitié avec le père ou la mère du mineur ». Quand le mineur est un enfant naturel, on se trouve exactement dans la situation prévue par le texte; il n'y aura pas de parents sur les lieux ; il n'y en aura pas davantage dans la distance désignée par l'article 407, puisqu'il n'y a pas de parents du tout. Et dans ce cas, le juge de paix, se conformant à l'article 409, appellera des amis et formera ainsi en observant l'esprit de cet article, un conseil qui sera régulièrement composé.

On a prétendu encore que les amis des père et mère naturels ne sauraient présenter de sérieuses garanties morales. Nous doutons que ces soupçons soient fondés.

Pour le père, la reconnaissance qu'il aura faite de l'enfant ne saurait en rien lui enlever l'estime ou l'amitié de ceux qui l'ont connu. Quant à la mère, il n'est pas plus certain que sa situation de mère naturelle lui enlève toute possibilité d'avoir des amis dont la moralité ne soit pas intacte.

Toute femme qui a eu un enfant naturel n'est pas pour cela une femme perdue et ses amis ne sont pas suspects et tarés[1]; un écart, un moment d'oubli, que des circonstances particulières expliquent parfois, ne saurait enlever toute estime à celle qui fut peut-être plus malheureuse que coupable.

Il se peut parfaitement que le père et la mère naturels aient laissé des amis véritables, dévoués, parmi lesquels le juge de paix trouvera des éléments excellents pour réaliser une protection tutélaire en faveur de l'enfant naturel.

On a encore prétendu que cette assemblée d'amis serait difficile à composer, précisément en raison du peu d'intérêt que ces prétendus amis des père et mère illégitimes porteront à l'enfant né hors mariage. Nous voulons bien espérer que dans la grande majorité des cas cette opinion ne sera pas fondée, et qu'il se trouvera des personnes chez qui de simples préjugés sociaux n'auront pas étouffé tout sentiment d'humanité ou de bonté.

Ne serait-il pas cruel, en effet, de vouloir appliquer au malheureux enfant la vieille doctrine biblique qui fait porter aux générations le poids des crimes de l'aïeul ? ce serait

(1) Galinier. *Des droits de puissance paternelle et de tutelle sur la personne des enfants naturels*, p. 143.

contraire à tout principe de morale, et il ne se peut pas vraiment que l'on frappe délibérément un innocent qui ne saurait être responsable des fautes de ses auteurs.

Quant aux arguments tirés des articles 159 et 160 du Code civil et qui consistent à dire que le conseil de famille n'est appelé à donner son consentement au mariage du mineur que lorsqu'il s'agit d'un enfant légitime, tandis que, dans le même cas, ce consentement doit être donné à l'enfant naturel par un tuteur *ad hoc*, nous répondons que cela s'explique par la différence de situation des deux mineurs. L'enfant légitime en minorité a toujours un conseil de famille constitué, permanent, que l'on n'aura qu'à réunir, dans les divers cas où son concours est reconnu utile par la loi. L'article 159 prévoit le cas où il n'existe pas de protection tutélaire organisée pour l'enfant naturel ; elle exige, pour consentir au mariage du mineur, le consentement d'un tuteur *ad hoc* dont le mandat est limité à l'acte même pour lequel il est commis ; cet acte accompli, le tuteur n'a plus de raison d'être, mais, comme cet article ne spécifie pas le mode de nomination de ce tuteur *ad hoc*, on applique les règles générales de la tutelle et c'est à un conseil de famille que l'on confie le soin de le désigner.

Nous espérons avoir démontré qu'il est possible de constituer pour la tutelle de l'enfant naturel un conseil de famille ou d'amis comme on le voudra.

La pratique est constante en faveur de nos conclusions et la jurisprudence[1] est solidement établie dans le même sens.

(1) Amiens, 23 juillet 1814, S. 1815. 1, 361 et 31 août 1815, Cass. Req. D. Rep. v° *Minorité*, n° 695.

Nous avons à nous demander maintenant de quelles personnes se composera le conseil de famille de l'enfant naturel, selon diverses hypothèses à envisager.

Première hypothèse. — L'enfant a perdu ses père et mère après avoir été reconnu par eux.

Dans ce cas, le juge de paix appliquera par analogie les principes généraux énoncés dans l'article 409 ; il appellera au conseil des personnes connues pour avoir eu des relations habituelles d'amitié avec le père ou la mère du mineur.

Les membres du conseil seront choisis le plus possible parmi les amis domiciliés dans la commune où la tutelle s'est ouverte. Néanmoins, il a été jugé [1] qu'on ne peut demander la nullité de la nomination d'un tuteur donné à l'enfant naturel, sous le prétexte que les membres appelés à former le conseil ne sont pas tous domiciliés dans la commune où la tutelle s'est ouverte.

L'article 409 du Code civil prescrit au juge de paix de choisir les parents ou amis dans chacune des lignes de la parenté du mineur. Les mêmes raisons, pour observer scrupuleusement cet article, n'existent pas pour l'enfant naturel. Pour l'enfant légitime, en effet, le mariage divise l'intérêt des familles en deux lignes : le côté paternel et le côté maternel. Dans l'esprit de la loi, l'une ne doit avoir ni préférence ni prérogatives et, c'est pour prévenir l'influence dont une ligne pourrait se prévaloir sur l'autre, qu'on a

(1) Cass. Rep. 7 juin 1820, S. 1820, 1, 368. — Dalloz, Rep. v° Minorité, n° 694.

exigé que toutes les deux soient représentées au conseil de famille.

Bien que ces raisons n'existent pas pour l'enfant naturel, nous pensons que, d'une façon générale, il serait préférable et plus conforme à l'esprit du texte auquel on fait appel, de composer le conseil, pour moitié d'amis du père et pour moitié d'amis de la mère [1]. D'une façon générale, le juge de paix devra procéder ainsi.

Il a été jugé cependant que le conseil de l'enfant naturel pouvait être uniquement composé d'amis du père [2].

Il est vrai que dans l'arrêt du 7 juin 1820, auquel nous faisons allusion, il s'agissait d'une espèce particulière.

Le marquis de B..... était décédé, en 1816, père de quatre enfants illégitimes ; le 22 janvier 1817, le juge de paix convoqua un conseil, à l'effet de nommer un tuteur à ces enfants, et les membres de ce conseil furent tous pris parmi les amis du père ; quelques jours plus tard, le 2 février, la mère reconnut ses enfants par acte authentique. Elle réclama la tutelle et voulut faire annuler les délibérations prises par le conseil, sous prétexte qu'elles émanaient d'un conseil irrégulièrement composé, et parmi les nombreux moyens de cassation qu'elle invoquait se trouvait précisément celui de n'avoir fait appel qu'aux amis du père pour former le conseil et d'avoir ainsi violé l'article 409 du Code civil.

Ce moyen fut rejeté, comme les autres d'ailleurs : mais

(1) Magnin, *Traité des Minorités*, t. I, p. 274.

(2) Cass. Rep., 7 juin 1820, S. 1820, I, 368 et Dalloz, Rep., v° Minorité, n° 694. — Cass. Rep., 3 septembre 1806, Dalloz, v° Minorité, n° 687.

remarquons-le, l'espèce offre une particularité importante : le juge de paix convoqua le conseil le 22 janvier et ce n'est que le 2 févrîer que la mère reconnut ses enfants. Au moment où le conseil fut formé, le père était seul légalement connu; c'est donc aux amis du père, seulement, que le juge de paix avait pu faire appel.

S'il n'existe pas des amis du père ou de la mère, les membres du conseil seront choisis parmi les personnes recommandables de la commune.

Pourra-t-on appeler au conseil les parents du père ou de la mère de l'enfant naturel ? L'enfant né hors mariage n'a d'autres parents que ceux dont émane l'aveu de reconnaissance. Cette remarque suffit pour résoudre la question. L'article 407 du Code civil doit demeurer étranger à la composition du conseil de l'enfant naturel : un motif pris de la violation de cet article, sous le prétexte que des parents des père et mère naturels n'ont pas été appelés au conseil, ne saurait donc être pris en considération. La jurisprudence s'est nettement prononcée dans ce sens [1].

Mais si le juge n'est pas obligé de convoquer les parents des père et mère naturels, il peut toujours songer à leur concours en qualité d'amis. Le pouvoir du juge de paix est très étendu en cette matière particulière, et l'intérêt du mineur doit être avant tout pris en considération; nous pensons donc que les parents des père et mère naturels peuvent être compris au nombre des personnes ayant eu

(1) Arrêts du 7 juin 1820 et du 3 septembre 1806, Dalloz, Rep. vº Minorité, nº 694.

des relations d'amitié avec les auteurs de l'enfant. Mais le juge de paix devra user de la plus grande réserve.

La famille légitime est le plus souvent fort mal disposée à l'égard de l'enfant naturel. Si, par exception, les parents légitimes sont vraiment susceptibles d'un dévouement affectueux à l'égard de l'enfant, leur concours pourra être précieux dans l'intérêt du mineur. Le juge de paix, après avoir acquis cette certitude, pourra et devra même les appeler au conseil.

Deuxième hypothèse. — L'enfant n'a été reconnu que par un de ses auteurs.

Le juge de paix appellera des amis de l'auteur dont émane la reconnaissance ou à défaut fera appel au concours de personnes recommandables.

Troisième hypothèse. — L'enfant naturel a été reconnu par ses deux auteurs et ceux-ci sont vivants.

Que l'on admette ou non le principe d'attribution de la tutelle légale aux parents naturels, nous estimons que les auteurs de l'enfant doivent en principe être appelés au conseil [1]. Si la tutelle appartient à l'un deux, l'autre sera appelé au conseil de famille. D'après les partisans de la tutelle dative, si on a confié la charge à une tierce personne, les deux auteurs de l'enfant devront être convoqués.

Le parent ou les parents naturels seront appelés au conseil s'ils se trouvent dans la commune où la tutelle

(1) Agen, 19 février 1830, S. 1832, II, 58.

s'est ouverte ou dans un rayon de deux myriamètres, en application par analogie de l'article 407 du Code civil. S'ils ne se trouvent pas dans les distances prévues, le juge de paix pourra se dispenser de les appeler ; mais comme il conserve sur cette matière un droit d'option, il pourra, se conformant aux prescriptions de l'article 410 du Code civil, appeler au conseil le parent naturel, à quelque distance que ce dernier soit domicilié [1].

Ainsi les parents naturels doivent, en principe, être appelés au conseil, mais ce n'est pas une obligation absolue ; il a été jugé qu'une délibération du conseil de famille d'un enfant naturel ne saurait être annulée sous le prétexte que le père n'y a pas été appelé [2].

D'ailleurs, cette décision n'est que l'application d'un principe général qui enseigne que les règles générales sur la composition des conseils de famille ne sont pas prescrites à peine de nullité. Les tribunaux ont à cet égard un pouvoir souverain d'appréciation.

(1) Galinier. *Droit de puissance paternelle et de tutelle.*
(2) Caen, 14 décembre 1896. D. 1898, 2, 355 et S. 1897, II, 37.

DEUXIÈME PARTIE

De la Tutelle des Enfants naturels non reconnus

SECTION PREMIÈRE

Enfants naturels simplement non reconnus

Nous ne nous occuperons, dans cette première section, que des enfants naturels qui sont simplement sans filiation connue, de ceux dont l'acte de naissance porte la mention « né de père et mère inconnus ».

Nous supposerons que l'enfant est resté sous la garde de l'un de ses auteurs ou d'un tiers, et qu'il n'est pas sous la protection de l'assistance publique ; dans cette dernière hypothèse, sa condition au point de vue de la tutelle sera examinée plus loin.

L'enfant naturel n'ayant pas de parents légalement connus, la question de tutelle légale ou toute autre en dérivant ne saurait être soulevée.

La seule tutelle possible pour lui sera la tutelle dative[1].

Le juge de paix aura une liberté absolue dans le choix des membres qui devront composer le conseil de famille. Aucune des dispositions légales établies pour les enfants légitimes ne sauraient être invoquées, même par analogie, pour l'organisation de cette tutelle.

Les père et mère de l'enfant étant inconnus, le juge de paix ne pourra les appeler à la tutelle à titre de parents. Il ne pourra davantage s'adresser à leurs amis, leur existence au point de vue légal étant liée à celle des parents eux-mêmes. Cependant, si la nécessité d'une tutelle se fait sentir, on formera le conseil de personnes recommandables et charitables qui voudront bien s'intéresser au sort du malheureux enfant.

Revenant aux principes généraux qui sont la base de toute organisation tutélaire, c'est l'intérêt de l'enfant qui devra avant tout être pris en considération. Le juge de paix pourra appeler au conseil les parents présumés de l'enfant, non plus à titre de parents puisqu'il n'en existe pas légalement pour l'enfant naturel non reconnu, mais à titre de personnes susceptibles de lui porter un intérêt quelconque. Mais il est peu probable que ceux qui n'ont pas voulu donner leur nom à l'enfant et affirmer en sa faveur, par le fait de la reconnaissance, leur attachement songent à lui témoigner plus tard du dévouement. Aussi le juge devra-t-il, en faisant ce choix, procéder avec toute la prudence qu'exige cette délicate mission.

(1) Agen, 19 février 1830, S. 1832, II, 58. — Grenoble, 5 avril, 1819, S. 1820, I, 368.

M. Laurent combat ce système et prétend qu'il n'est pas possible d'organiser un semblant de conseil puisque les parents sont légalement et quelquefois de fait inconnus. D'après lui, si l'enfant doit se faire assister dans un acte juridique, c'est au tribunal qu'on devra recourir[1].

La même opinion a été soutenue par cet auteur à propos des enfants naturels reconnus. Nous invoquerons ici les mêmes raisons pour la combattre et nous pensons que c'est un conseil composé par le juge de paix, qui devra organiser la tutelle de l'enfant sans filiation connue.

Le tuteur aura les attributions dont la loi l'investit généralement ; il administrera la personne et les biens du mineur. En l'absence de la reconnaissance, il n'y a aucun lien légal entre l'enfant et ses père et mère ; il n'y a donc pas de puissance paternelle. Celui des deux auteurs chez qui l'enfant sera resté n'aura aucun pouvoir sur lui, ni droit de garde, ni droit de correction. C'est donc le tuteur nommé par le conseil de famille qui sera chargé d'administrer sa personne.

Mais à quel moment s'ouvrira la tutelle de l'enfant naturel non reconnu ? En principe, il est en tutelle à partir de sa naissance ; en fait, il en est autrement. S'il n'a pas de biens, et ce qui arrivera dans la très grande majorité des cas, on n'organisera une protection tutélaire que lorsque les personnes qui l'élèvent, les parties intéressées ou le juge de paix en provoqueront la constitution ; il est facile de présumer que, le plus souvent, personne, parmi les

(1) Laurent. t. IV, p. 53.

indifférents qui l'entourent, ne songera à lui assurer les bienfaits d'une tutelle.

Dans le cas très rare où il aura acquis quelque fortune, on lui donnera un tuteur pour la gestion de ses biens. Or, comme l'enfant naturel non reconnu n'a aucun droit sur la succession de ses auteurs, il n'aura de biens que lorsqu'il aura été l'objet d'une libéralité; on voit par là combien l'éventualité d'une tutelle est problématique pour lui.

Et cependant les enfants naturels non reconnus forment la classe la plus importante des enfants nés hors mariage. D'après une statistique des plus récentes, le nombre des enfants naturels reconnus a été, en 1899, de 13,280, et celui des enfants naturels non reconnus de 62,709[1]. La proportion est presque de 1 à 5; le nombre des enfants naturels non reconnus est donc de beaucoup le plus considérable. Si d'après le peu de probabilités qu'ils ont pour eux d'avoir des biens on pèse leur peu de chances de jouir du bénéfice d'une tutelle, on sera surpris de voir qu'il y a tant d'enfants qui vivront jusqu'à leur majorité sans un appui moral, sans une protection tutélaire.

Dans l'état de la législation actuelle, il semble que c'est pour les biens d'abord et incidemment pour la personne, que la tutelle doit être organisée. Pourtant la tutelle n'a pas pour but unique la garantie des intérêts pécuniaires du mineur ; l'institution doit être aussi favorable à la personne qu'aux biens.

La remarque nous paraît importante et fondée quand

(1) *Annuaire de statistique de la France* (année 1899).

elle s'applique à un enfant naturel, surtout non reconnu; dans la condition de cet enfant, en effet, rien ne se trouve dans l'état normal; le mariage a fait place à l'union libre, la famille avec ses vertus n'existe pas. Souvent la misère et la honte présideront à sa naissance.

De par l'ordre des choses malheureusement probable, l'enfant vivra ses premières années dans un milieu d'une moralité malsaine; il est voué d'avance aux conséquences qu'entraîne une telle condition d'existence.

Nous ne prétendons pas que le seul titre d'enfant naturel entraine fatalement les résultats déplorables que nous avons signalés; il se peut qu'il y en ait qui, échappant aux influences néfastes du milieu, surmontent les difficultés attachées à l'irrégularité de leur naissance; il se peut encore que la mère après une faute, soit restée foncièrement honnête, qu'elle ait élevé son enfant avec d'autant plus de soin qu'il fallait le mettre plus tard en état de faire oublier la tare de son origine.

Nous n'avons parlé que d'une façon très générale et nous pensons que c'est donc pour l'enfant naturel, et surtout pour l'enfant naturel non reconnu, que la nomination d'un tuteur serait précieuse et nécessaire même. A ce point de vue, la législation française nous paraît présenter une lacune dont toutes les Sociétés fondées pour la protection de l'enfance tâchent d'atténuer les fâcheux résultats[1]; mais il vaudrait mieux combattre le mal à la racine que de le laisser naître, grandir et d'essayer de le guérir ensuite.

(1) Beudant, t. II, p. 441.

Ce but serait atteint en partie, pensons-nous, en assurant à tout enfant naturel qui vient au monde l'appui d'un tuteur.

Pour l'enfant naturel reconnu, ce serait le père ou la mère; pour l'enfant naturel non reconnu, ce serait un tuteur nommé par un conseil convoqué à la diligence du juge de paix.

Et pour assurer à cet enfant cette protection tutélaire, il faudrait que sa naissance fut forcément connue des magistrats ayant qualité pour requérir d'office la nomination d'un tuteur. L'officier de l'état civil qui reçoit la déclaration qu'un enfant est né de père et mère inconnus, devrait être obligé d'en aviser immédiatement le juge de paix de la commune où est né l'enfant; à son tour, ce dernier devrait être tenu d'organiser une tutelle au profit du mineur.

Le premier soin du tuteur serait d'engager la mère à reconnaître l'enfant, et s'il réussissait dans cette tentative, la mère aurait la tutelle en application de notre principe et lui-même deviendrait subrogé-tuteur.

SECTION DEUXIÈME

Tutelle des enfants adultérins ou incestueux

En principe, les enfants adultérins ou incestueux ne peuvent être reconnus par leurs auteurs, comme cela résulte de l'article 335 du Code civil. Ils sont donc placés naturellement dans la situation des enfants non reconnus dont nous venons de nous occuper. S'il est nécessaire d'organiser pour eux une tutelle, on appliquera les règles que nous avons données pour les enfants naturels non reconnus. On composera avec le concours de personnes charitables un conseil qui désignera un tuteur [1]. Nous avons dit dans la section précédente que le juge de paix pourrait appeler les parents inconnus légalement mais connus en fait au conseil de l'enfant dont la filiation n'est pas constatée, mais qu'il ne devait le faire qu'après avoir acquis la certitude que ce concours ne serait pas préjudiciable à l'enfant Nous pensons que lorsqu'il s'agit d'un enfant adultérin ou incestueux, la réserve du magistrat doit être encore plus grande, la morale et la bienséance éloignent en principe les parents coupables d'adultère ou d'inceste de la tutelle de leurs enfants [2].

L'enfant adultérin ou incestueux sera donc traité au point de vue de la tutelle comme l'enfant simplement non reconnu. Mais il y a des cas exceptionnels où la filiation adultérine ou incestueuse peut être légalement constatée et c'est en prévision de ces cas que l'article 762 du Code civil a été édicté, lorsqu'il déclare que les enfants adultérins ou incestueux n'auront droit qu'à des aliments.

Diverses hypothèses peuvent se présenter : par exemple l'officier de l'état civil, induit en erreur et ignorant le vice

(1) Toulouse, 25 juillet 1809. D. Repert., v° *Minorité*, n° 687.

(2) Cadrès. *Des Enfants illégitimes*, p. 226.

de la naissance de l'enfant, a établi quand même l'acte de reconnaissance ; la filiation vicieuse de l'enfant sera néanmoins légalement constatée.

Un mari désavoue l'enfant dont la paternité lui est imputée. Il triomphe dans l'action en désaveu. Le jugement qui reconnaît que l'enfant a pour père un autre que le mari constate du même coup sa filiation adultérine.

Il en sera de même quand l'enfant qui se prétend légitime est admis à prouver sa filiation maternelle par témoins ; il réussit dans cette preuve ; mais le mari, de son côté, prouve qu'il n'est pas son père. Le jugement qui établira cette double constatation démontrera que l'enfant est adultérin.

Enfin, un mariage a été contracté au mépris de l'existence d'un premier lien ; le jugement qui l'annulera pour ce motif établira légalement l'adultérinité des enfants : ou bien, des personnes parentes au degré où le mariage est défendu se sont mariées sans tenir compte de ces prohibitions ; sur la poursuite des parties intéressées ou du ministère public, ce mariage est reconnu entaché de nullité ; le jugement rendu prouvera la filiation incestueuse des enfants.

La filiation de l'enfant adultérin ou incestueux peut donc être légalement établie. On se demande si dans ces cas l'enfant peut être sous puissance et sous tutelle comme l'enfant naturel légalement reconnu.

La négative est généralement admise [1]. Les articles 158

(1) Demolombe, t. VIII, p. 260. — Bedel. *De l'Adultère*, n° 102.

et 383 du Code civil n'ont en vue que les enfants naturels légalement reconnus et la constatation de filiation survenue incidemment à la suite de circonstances particulières ne peut valoir une reconnaissance légale.

L'esprit de la loi est dans ce sens; il en résulte que les effets de la reconnaissance d'enfants issus d'un commerce adultérin ou incestueux ne sont pas généraux.

La reconnaissance ne peut être constatée que par la force des circonstances prévues par la loi, mais jamais par la déclaration de volonté la plus formelle.

Nous pensons que cette solution est la meilleure en législation dans l'intérêt même des enfants. On ne peut raisonnablement témoigner de la confiance à ceux qui se sont placés aussi légèrement sous le coup des sanctions pénales.

L'adultère est un délit; l'inceste est quelquefois un crime que la morale réprouve et auquel s'attache le mépris et la honte. Ceux qui se sont flétris à ce point ne peuvent prétendre à l'éducation de leurs enfants : ils se sont frappés eux-mêmes d'indignité.

Les mauvaises mœurs, les habitudes de débauche, l'ivrognerie habituelle, l'inconduite des parents, sont des causes de déchéance de la puissance paternelle et de la tutelle, d'après l'article 444 du Code civil, l'article 2 de la loi du 24 juillet 1889 et l'article 335 du Code pénal. Ce qui serait une cause de déchéance pour un père déjà investi de l'autorité paternelle, pour un tuteur en exercice, doit être aussi une cause d'exclusion pour les parents qui se sont rendus coupables d'adultère ou d'inceste.

L'opinion contraire a été soutenue par Loiseau[1] et par M. Laurent[2]. Ce dernier prétend que le jugement qui constate la filiation adultérine ou incestueuse de l'enfant doit avoir les mêmes effets qu'une reconnaissance ordinaire. Celle-ci établit légalement la paternité de l'enfant ; or, le jugement attributif de filiation adultérine ou incestueuse fait connaître également le père et la mère de l'enfant. Ceux-ci connus, ils ont à remplir les devoirs qui découlent de la paternité ; ils ont sur leurs enfants les droits de puissance paternelle et les droits de tutelle. Comme ces droits ne sont pas établis en faveur du père coupable d'adultère ou d'inceste, mais bien en faveur de l'enfant, innocent des fautes de ses auteurs, il serait injuste de priver ce dernier des bienfaits qui en découlent.

Nous partageons entièrement l'opinion de Laurent, lorsqu'il déclare qu'il est injuste de faire porter à l'enfant adultérin ou incestueux le poids des responsabilités de ses auteurs ; mais en droit, son opinion ne nous paraît pas soutenable.

Les textes ne laissent pas de doutes, et lorsqu'ils parlent des « enfants naturels légalement reconnus », ils ne veulent certainement pas parler de ceux qui sont issus d'un commerce adultérin ou incestueux.

L'article 762 du Code civil a été reproduit sans modification par le législateur du 25 mars 1896 ; la loi leur accorde des aliments et elle a soin d'ajouter que c'est le seul droit auquel ils puissent prétendre.

Nous pensons qu'au point de vue spécial de la tutelle, la

(1) Loiseau. *Traité des Enfants naturels*, p. 744.
(2) Laurent, t. IV, pp. 530 et 531.

constatation légale de la filiation des enfants adultérins ou incestueux ne peut avoir d'importance. Ils sont exclus de la famille, par conséquent, des attributs de la puissance paternelle dont la tutelle dépend[1]; ils seront considérés comme les enfants sans filiation connue.

La condition des enfants adultérins ou incestueux nous inspire au point de vue spécial de la tutelle les remarques que nous avons faites à propos des enfants simplement non reconnus.

La tutelle ne s'ouvrira pour eux que lorsque les auteurs de l'enfant ou les tiers qui en ont la garde en provoqueront l'organisation ; à vrai dire, on attendra que la présence d'un tuteur soit devenue indispensable et on ne nommera donc un tuteur aux enfants issus d'un commerce adultérin ou incestueux que lorsque des biens leur seront échus.

Mais comme ils ne peuvent être reconnus, ils n'ont aucun espoir à fonder sur la succession éventuelle de leurs auteurs ; ils ne peuvent compter que sur des donations faites par des étrangers. On conçoit dès lors combien peu probable sera pour eux l'organisation d'une tutelle. Et pourtant, l'utilité d'un tuteur considéré comme dépositaire des intérêts moraux s'imposerait pour cette classe de mineurs plus que pour toute autre.

Nés dans un milieu dont la faute des parents fait préjuger de la valeur morale ; abandonnés en principe et en fait le plus souvent, frappés injustement mais sûrement de la honte et du mépris qui s'attache à la faute dont ils

(1) Aubry et Rau, t. VI, p. 227, § 572.

restent la preuve inéluctable, les enfants adultérins ou incestueux devraient pouvoir compter sur la protection légale; dans l'état de notre législation, cette protection est soumise à des conditions d'existence telles, qu'elle sera en pratique presque impossible.

C'est, d'après nous, une lacune que l'on pourrait combler, nous le répétons, en assurant à chacun de ces enfants qui vient au monde, le précieux concours d'un tuteur à qui serait confiée leur éducation morale; de là dépendrait souvent leur relèvement social.

SECTION TROISIÈME

Tutelle des enfants assistés

Les enfants dont l'éducation est confiée à l'assistance publique sont : 1° les enfants trouvés ; 2° les enfants abandonnés; 3° les enfants moralement abandonnés; 4° les orphelins.

Ces enfants assistés peuvent être aussi bien des enfants légitimes que des enfants nés hors mariage.

Il arrive souvent que des parents légitimes, poussés par la misère, se débarrassent de leurs enfants et les abandonnent à la charité publique. Plus souvent encore, cet abandon émanera des parents naturels; l'enfant illégitime est une lourde charge quelquefois pour la mère qui l'a mis au monde; de plus, c'est la preuve indéniable, vivante, d'une faute; c'est le témoin qu'il faut faire disparaître. Ce sont autant de raisons qui expliquent que les enfants nés hors mariage entrent pour une large part dans le nombre des enfants admis dans les hospices.

En traitant rapidement de la tutelle des enfants assistés. c'est donc d'une classe nombreuse d'enfants illégitimes que nous nous occuperons.

Cette tutelle est régie par la loi fondamentale du 15 pluviôse an XIII, complétée par un décret du 19 janvier 1811.

L'enfant admis dans un hospice à quelque titre et sous quelque dénomination que ce soit, qu'il soit naturel ou légitime, est placé sous la tutelle de la commission administrative de l'hospice.

Cette commission joue à la fois le rôle de tuteur et celui de conseil de tutelle. Elle choisit un de ses membres comme tuteur de l'enfant et la décision qui nomme ce tuteur est soumise à l'approbation préfectorale.

On se demande quelle est l'étendue de cette tutelle. Les pouvoirs d'un tuteur ainsi nommé sont-ils les mêmes que ceux d'un tuteur ordinaire ou, plus généraux, comprennent-ils l'exercice de tous les droits de la puissance paternelle ? Nous pensons que cette solution doit être admise, l'esprit du texte est dans ce sens : « Le gouvernement, disait Regnault Saint-Jean-d'Angely au Corps législatif, a donc dû s'occuper d'assurer le sort de ces enfants, de créer pour eux à la place des parents qu'ils ne connurent jamais ou qu'ils ont perdu, une paternité sociale qui exerçât tous les droits, toute la puissance de la paternité naturelle, et qui en suppléât les soins, la vigilance et la protection [1] ».

(1) Locré, *Législation civile, comm., etc.*, t. VII, p. 290.

Les commissions administratives des hospices seront donc chargées de l'éducation et de l'entretien des enfants abandonnés, elles exerceront le droit de garde et de correction au lieu et place du père qu'elles ont pour mission de remplacer; elles consentiront au mariage du pupille, mais à ce point de vue, nous pensons qu'elles n'auront pas les mêmes droits que les père et mère dont le consentement au mariage du fils est exigé jusqu'à l'âge de 25 ans. Il s'agit, en effet, d'une classe de mineurs toute spéciale dont il faut hâter et favoriser l'établissement.

Il faudra assimiler l'enfant qui est sous la tutelle administrative, non pas à celui qui est sous la puissance de ses parents, mais bien à celui qui étant resté sans père ni mère, dépend d'un conseil de famille. Nous pensons donc qu'il pourra se marier à partir de vingt-un ans sans avoir besoin d'aucun consentement.

En ce qui concerne l'émancipation, l'article 4 de la loi de pluviôse an XIII, dispose que les commissions administratives des hospices jouiront des droits attribués aux père et mère par le Code civil, l'enfant pourra donc être émancipé à partir de 15 ans; l'émancipation sera faite sur l'avis des membres de la commission administrative; c'est celui d'entr'eux qui est désigné comme tuteur, qui émancipera l'enfant et se présentera à cet effet devant le juge de paix; le receveur de l'hospice sera le curateur de l'enfant (art. 5 de la loi du 15 pluviôse).

Au point de vue des biens, la tutelle sera exercée non plus par le membre de la commission qui a été désigné

(1) Ducaurroy, t. I. p. 414. Demolombe, t. VIII, p. 277.

comme tuteur, mais par le Receveur de l'hospice. D'après la loi de pluviôse, c'est lui qui sera chargé de la gestion des biens qui par hasard seront échus au mineur.

Les membres de la commission administrative ne sont pas chargés d'administrer la fortune du mineur; aussi la loi n'établit-elle sur leurs biens aucune hypothèque légale. Cette garantie est remplacée par le cautionnement du Receveur de l'hospice : le mineur aura le privilège de l'article 2102-7°.

L'article 6 de la loi de pluviôse fixe l'emploi des deniers touchés au nom du mineur. Lorsque l'enfant n'a pas de fortune, c'est l'hospice qui fera les frais de son éducation et de son entretien; mais s'il acquiert quelque bien, les revenus reviendront à l'établissement hospitalier à titre d'indemnité. Que décider si les revenus excèdent les dépenses? L'hospice peut-il réclamer le surplus ? L'affirmative a été admise dans un arrêt de la Cour de Bordeaux du 11 mars 1840[1]; il s'appuie sur la généralité des termes de l'article 7 de la loi de pluviôse, qui ne distingue pas. Nous pensons que ce texte a été interprété trop rigoureusement et qu'il doit en être autrement. Si l'article 7 ne prévoit pas le cas où les réserves excèderont les dépenses, c'est à cause de la rareté d'une semblable hypothèse; mais il nous paraît ressortir de l'esprit de la loi que dans le cas où il y aura un excédent dans les revenus, celui-ci devra être remis à l'enfant à son émancipation ou à sa sortie[2].

(1) Bordeaux, 11 mars 1840, S. 1840, II, 229.
(2) En ce sens, Cass., 21 mai 1849. D., 1849, 1, 202.

Il est juste que l'hospice perçoive une indemnité sur les revenus de l'enfant, mais il serait injuste qu'il s'enrichisse à ses dépens.

Les revenus seront donc rendus à l'enfant à sa sortie de l'hospice. Mais que faut-il entendre par les mots « à la sortie de l'hospice ? » Peut-on considérer comme tel l'enfant qui n'est plus en fait dans l'établissement, mais qui a été placé en nourrice ou en apprentissage ? La cour de Bordeaux en a décidé autrement ; elle a considéré l'enfant comme sorti de l'hospice lorsqu'il est arrivé au jour de sa majorité ou de son émancipation ; jusqu'à ce moment bien que sorti en fait, bien qu'absent de l'hospice, il reste en droit sous la tutelle, et ce qui le prouverait, c'est que les frais d'apprentissage ou d'entretien de l'enfant sont à la charge de l'établissement.

L'article 3 de la loi de pluviôse prévoit les causes de cassation de la tutelle administrative et s'exprime ainsi : « La tutelle des enfants admis dans les hospices durera jusqu'à la majorité ou émancipation par mariage ou autrement ».

Il faut ajouter d'autres causes de cassation de la tutelle : le décès de l'enfant par exemple, la tutelle officieuse concédée à un tiers, la remise de l'enfant aux parents.

Peut-on considérer comme une cause de cassation la délégation de la tutelle à un tiers ? L'enfant est, par exemple, confié à des particuliers pour être élevé et mis en état de gagner sa vie en apprenant un métier (Décret du 19 janvier 1811). Ces particuliers peuvent-ils être considérés comme les tuteurs de l'enfant ? La négative a été consacrée par un arrêt de la cour de Bordeaux du 28 novembre 1833[1] ? Un enfant qui avait été placé en apprentissage chez un particulier fut victime d'un délit; la personne à qui l'enfant avait été confié prétendit se porter partie civile et obtenir des dommages-intérêts de l'auteur du délit.

L'arrêt précité débouta le demandeur et refusa de lui reconnaître la qualité de tuteur.

La loi de pluviôse, dans l'article 2, a prévu un seul cas de délégation ; c'est lorsque l'enfant est placé très loin en apprentissage. S'il y a, près de sa nouvelle résidence, un hospice, on déléguera la tutelle à la commission administrative de cet établissement. Hormis ce cas, il n'en est pas qui ait été prévu.

La commission ne peut donc déléguer la tutelle, mais elle peut consentir à la tutelle officieuse dont un étranger voudra bien se charger à l'égard de l'enfant abandonné ; le cas est prévu par l'article 361 du Code civil *in fine* qui déclare que si l'enfant n'a pas de parents connus, il faudra obtenir le consentement des administrateurs de l'hospice où il aura été recueilli.

Une difficulté peut surgir dans le cas où la tutelle officieuse vient à cesser avant la majorité ou l'émancipation du pupille. On se demande si l'enfant doit retomber sous la tutelle de la commission hospitalière où s'il faudra lui nommer un tuteur d'après le droit commun. En principe, le droit de tutelle n'est reconnu formellement qu'aux commissions administratives par l'article 1 de la loi de pluviôse;

(1) Bordeaux, 28 novembre 1833, S. 1834, II, 348.

seules elles sont, jusqu'à la majorité ou l'émancipation de l'enfant, investies de ce droit.

Nous pensons donc qu'au moment où cessera la tutelle officieuse, celle des commissions hospitalières devra renaître. Toutefois, il en a été jugé autrement[1], mais l'espèce était toute spéciale. Il s'agissait d'un enfant auquel son tuteur officieux avait laissé avant de mourir une fortune considérable, avec cette clause que l'administration des biens légués serait confiée à un tuteur, qui serait nommé par un conseil de famille. C'est l'intérêt manifeste du mineur qui a fait décider, dans cette hypothèse, que l'enfant ne serait pas de nouveau mis sous la tutelle de la commission de l'hospice d'où il était sorti.

La tutelle administrative cesse encore lorsque l'enfant est remis aux parents (art. 21 du décret du 19 janvier 1811). S'il s'agit d'un enfant dont la filiation n'est pas établie, la remise sera assujettie à l'accomplissement des formalités prévues dans l'instruction ministérielle du 8 février 1823 : « Les personnes qui réclament un enfant doivent donner sur lui et les circonstances de son exposition des détails tels qu'ils ne permettent pas de prendre le change sur l'enfant qui leur appartenait et sur celui qu'on leur rend. »

2° « La remise d'un enfant aux parents qui le réclament ne doit avoir lieu que sur un certificat de leur moralité délivré par le maire de la commune et attestant en outre qu'ils sont en état d'élever leurs enfants. »

Il a été jugé que le simple fait de la reconnaissance fai-

(1) Angers, 26 juin 1844, D. 1844, II, 277.

sait cesser de plein droit la tutelle des commissions administratives. Du moment où la paternité est connue, la tutelle des hospices doit cesser, car elle n'est créée que pour le cas où l'enfant est abandonné par ses parents [1].

La tutelle des enfants assistés du département de la Seine est régie par l'article 3 de la loi du 10 janvier 1843. Elle est déférée au Directeur de l'Assistance publique, qui a pleins pouvoirs et n'est pas soumis au contrôle d'un conseil de tutelle.

(1) Cadrès. *Des Enfants illégitimes*, p. 226. — Colmar, 5 avril 1838. Dalloz, Rép., vº *Minorité*.

CONCLUSION

Les lois révolutionnaires, sous l'influence trop vive d'idées égalitaires, avaient fait aux enfants naturels une place telle, qu'on avait détruit le principe de la famille et ébranlé la société dans ses fondements. Une réforme s'imposait et dans ce but le législateur de 1804 ne s'occupa que de fortifier l'institution du mariage ; la condition de l'enfant naturel fut, à certains points de vue, négligée, et, notamment, au point de vue de la tutelle. L'esprit de réaction, qui anima les rédacteurs du Code, fait supposer que l'absence de textes sur la tutelle des enfants naturels est le résultat non d'un oubli, mais d'une lacune.

Le soin de suppléer au défaut des textes a été laissé jusqu'ici à la jurisprudence ; celle-ci a pris, dans ces dernières années, une orientation ferme dans le sens de l'attribution exclusive de la tutelle dative aux enfants naturels. Néanmoins, la controverse ne disparaît pas, et tant qu'un texte de loi n'aura pas tranché la question, elle pourra renaître aussi vive que par le passé ; les tribunaux eux-mêmes peuvent se prononcer de différentes façons. Quoi qu'il en soit, le pouvoir discrétionnaire qui leur est laissé peut atteindre des limites très étendues ; les règles générales de la tutelle pourront ne plus être respectées et on finira par appliquer aux enfants naturels une réglementation spéciale.

Il nous semble que cette lacune devrait être comblée dans le Code civil.

Nous pensons que les choses devraient être organisées de telle façon que les parents naturels aient sur leurs enfants tous les droits absolument nécessaires dans leur intérêt et aucun de ceux dont ils pourraient tirer un avantage personnel.

Ces principes ne sont que la consécration de deux lois : l'une morale, qui veut que le faible soit protégé et que l'innocent ne porte pas le fardeau des fautes d'autrui ; l'autre sociale, qui exige qu'il soit fait une place de faveur aux institutions qui constituent la base de la société : le mariage et la famille.

Sur ces données, des dispositions légales devraient écarter les parents naturels des droits d'usufruit et d'administration légale ; sauf les impossibilités résultant des différences de filiations, les règles établies pour les tutelles des enfants légitimes devraient s'appliquer aux enfants naturels légalement reconnus. Au point de vue juridique, l'assimilation est possible ; au point de vue moral, elle est sans danger pour l'intérêt des familles.

Comme nous l'avons vu dans la seconde partie de notre travail, c'est encore à la Jurisprudence qu'est laissé le soin d'organiser la tutelle des enfants non reconnus et des enfants adultérins et incestueux. Le plus souvent on n'organisera pour eux une protection tutélaire que lorsqu'ils auront acquis quelques biens ; comme cette hypothèse se présentera très rarement pour cette classe de mineurs, le bénéfice d'une tutelle leur sera le plus souvent refusé. Cependant l'institution d'un tuteur leur serait aussi précieuse au point de vue moral qu'au point de vue pécuniaire, car leurs auteurs n'ont aucun des moyens légaux d'éducation que le Code civil accorde aux parents naturels qui ont reconnu leurs enfants.

A ce point de vue, la législation française présente une lacune que l'on pourrait combler en s'inspirant des systèmes tutélaires organisés dans les autres pays.

En Autriche, par exemple, qu'il s'agisse d'un mineur légitime ou non, s'il y a lieu à nomination d'un tuteur, les parents du mineur ou les personnes qui se trouvent en rapport intime avec lui doivent, sous peine de censure, en faire la déclaration au tribunal sous la juridiction duquel le mineur est placé.

Les autorités doivent veiller immédiatement à la nomination d'un tuteur.

D'après l'article 1773 du Code civil allemand, l'enfant naturel est toujours pourvu d'un tuteur, et ce soin est réservé au tribunal des tutelles.

Dans le canton de Zürich, la commune d'origine de l'enfant naturel doit organiser la tutelle ; c'est la municipalité qui est chargée de nommer le tuteur.

Au Portugal, on appelle enfant bâtard celui qui ne peut être reconnu ; le juge des orphelins est chargé de désigner une personne convenable pour se charger de cet enfant, pourvoir à son éducation et à son établissement.

En Espagne, les juges municipaux du lieu où résident les personnes soumises à la tutelle doivent veiller à leur protection tant au point de vue des biens que de la personne ; s'ils ne le font pas, ils sont responsables du préjudice que les incapables pourront subir de ce chef. Cette responsabilité pécuniaire des magistrats chargés de veiller à la protection des incapables est assurément le meilleur moyen de stimuler leur zèle. Le fiscal municipal est président du conseil de l'enfant naturel non reconnu ; ce conseil est formé de quatre voisins honorables.

L'article 396 de l'avant-projet du Code civil belge confie au tribunal le soin de nommer un tuteur à l'enfant dont la filiation n'est pas légalement constatée ; l'officier de l'état civil qui reçoit la déclaration qu'un enfant est né de père et mère inconnus doit en avertir le procureur du roi.

De même en Italie, le préteur (juge de paix) doit être prévenu du fait qui donne lieu à tutelle.

Comme on le voit, dans la plupart des législations étrangères, on a voulu assurer à l'enfant naturel l'appui légal d'un tuteur.

Dans le même but, il serait nécessaire d'établir en France une disposition légale qui pourrait s'appeler autant une loi de protection pour l'enfance qu'une loi de tutelle proprement dite.

On a proposé de faire nommer un curateur au ventre à toute femme non mariée enceinte[1].

Quant à nous, nous préconiserions simplement le moyen

(1) Devinck, Société d'Économie sociale. (Séance du 21 mars 1875).

d'assurer un tuteur à tout enfant naturel qui vient au monde. Nous inspirant des systèmes espagnol, belge et italien, nous pensons que l'officier de l'état civil, qui reçoit une déclaration de naissance d'enfant sans filiation connue, devrait en avertir immédiatement le juge de paix ; ce dernier devrait être tenu d'organiser aussitôt la tutelle d'après les règles que nous avons données; nous pensons que ce système de protection aurait l'avantage de réduire le nombre d'enfants qui entrent dans la vie dans des conditions telles que l'éducation et l'entretien ne leur sont pas assurés et qu'ils demeurent le plus souvent victimes de la misère et de la démoralisation.

BIBLIOGRAPHIE

OUVRAGES GÉNÉRAUX

AUBRY et RAU. — *Cours de Droit civil français*, t. I, VI, VII, 4e édition. (Paris, 1873).

BAUDRY-LACANTINERIE. — *Cours de Droit civil français*, t. I, 7e édition. (Paris, 1899).

DALLOZ. — *Répertoire alphabétique*, vo Minorité, Paternité et Filiation. — Supplément au *Répertoire*, vo Minorité. — Code civil annoté, art. 389 et 390.

BEUDANT. — *Cours de Droit civil français*, t. II. (Paris, 1897).

DELVINCOURT. — *Cours de Droit civil*, t. I. (Paris, 1824).

DEMANTE et COLMET DE SANTERRE. — *Cours analytique du Code Napoléon*, t. II. (Paris, 1853).

DEMOLOMBE. — *Traité de la puissance paternelle*, 4e édition. (Paris, 1869). — *Traité de la minorité, de la tutelle et de l'émancipation*, t. II, 4e édition. (Paris, 1870).

DOMAT. — *Lois civiles dans leur ordre naturel*. (Paris, 1745).

DUCAURROY, BONNIER et ROUSTAIN. — *Commentaire théorique et pratique du Code civil*, t. I. (Paris, 1848).

DURANTON. — *Cours de Droit civil français suivant le Code civil*, t. III, 3e édition. (Paris, 1834).

DUVERGIER sur TOULLIER. — *Le Droit civil français suivant l'ordre du Code*, t. II, 6e édition.

Favard de Langlade. — *Répertoire*. v° éducation, enfant naturel.

Fenet. — *Recueil complet des travaux préparatoires du Code civil*, t. X. (Paris, 1827).

Fuzier-Hermann. — *Code civil annoté*, t. I. (Paris, 1885).

Guyot. — *Répertoire de jurisprudence*, v° éducation. Paris, 1784).

Huc. — *Commentaire théorique et pratique du Code civil*, t. III, (Paris, 1892).

Laurent. — *Principes de Droit civil français*, t. IV, 3e édition. (Paris, 1878).

Locré. — *Législation civile, commerciale et criminelle*, t. VII. (Paris, 1827).

Marcadé. — *Explication théorique et pratique du Code Napoléon*, t. II. (Paris, 1859).

Merlin. — *Répertoire de jurisprudence*, v° éducation.

Planiol. — *Traité élémentaire de Droit civil*, t. I. (Paris, 1900).

Proudhon. — *Traité des Droits d'usufruit*, t. I. (Dijon, 18.4).

Taulier. — *Théorie raisonnée du Code civil*, t. I, II. (Paris, 1842).

Toullier. — *Le Droit civil français suivant l'ordre du Code*, t. I, II. (Paris, 1837).

Valette sur Proudhon. — *Traité sur l'état des personnes*, t. II. (Paris, 1843).

Vigié. — *Cours élémentaire de Droit civil français*, t. II. (Paris, 1892).

Zacchariæ (Massé et Vergé sur Zacchariæ). — *Le Droit civil français*, t. I. (Paris, 1854).

OUVRAGES PARTICULIERS

Alard. — *Condition et droits des enfants naturels* (Paris, 1896).

Allemand. — *Du mariage*, t. II. (Paris, 1853).

AUBRY. — *Dissertation dans la revue de Droit français et étranger*, année 1844, t. I.

BALLOT. — *Revue pratique de Droit français*, année 1858.

BAYLAC. — *Des enfants assistés*. (thèse, Toulouse, 1885).

BONDE. — *De la Condition civile des enfants naturels*. (Thèse).

CADRÈS. — *Traité des enfants illégitimes*. (Paris, 1846).

CAMPISTRON. — *Des Droits successoraux des enfants naturels reconnus d'après la loi du 25 mars 1896*. (Paris, 1896).

CHARDON. — *Traité des trois puissances*, t. I, II, III. (Paris, 1842).

COULON. — *De la condition des enfants naturels reconnus dans la succession de leurs père et mère*. (Paris, 1896).

CUBAIN. — *Traité des Droits des femmes*. (Paris, 1842).

FERRIÈRE. — *Traité des tutelles*. (Toulouse, 1766).

DE FRÉMINVILLE. — *Traité de la minorité et de la tutelle*, t. I, II. (Clermont, 1845).

FUZIER-HERMANN. — *De la protection légale des enfants contre les abus de l'autorité paternelle*. (Paris, 1878).

GALINIER. — *Droits de puissance paternelle et de tutelle sur les enfants naturels*. Thèse. (Paris, 1885.)

GIRARD DE VASSON. — *Revue critique de législation* (année 1857).

LOISEAU. — *Traité des Enfants naturels*. (Paris, 1819).

MAGNIN. — *Traité des Minorités*, t. I. (Paris, 1833.)

MARCHAND. — *Code de la Minorité*. (Paris, 1835.)

PARIGOT. — *Etude de Législation comparée sur la Condition des enfants naturels*. Thèse. (Paris, 1896.)

ROLLAND DE VILLARGUES. — *Dissertation dans Sirey*. 1813, II, 19.

SALVIAT. — *De l'Usufruit*, t. II. (Limoges, 1816.)

VAZEILLE — *Du Mariage*, t. II. (Paris, 1825).

LÉGISLATION COMPARÉE

BIPPERT. — *Code civil du canton de Vaud*. (Lausanne. 1892).

De Clercq. — *Code civil autrichien*. (Paris, 1838.)

R. de la Grasserie. — *Code civil du canton des Grisons*. (Paris, 1893.)

Huc. — *Code civil italien et Code Napoléon*. (Paris, 1868.)

Laneyrie et Dubois. — *Code civil portugais*. (Paris, 1896.)

Laurent. — *Avant-projet de révision du Code civil belge*, t. II. (Bruxelles, 1882).

Lehr. — *Droit civil russe*. (Paris, 1877.) — *Le Code civil anglais*. (Paris, 1885.)—*Code civil du canton de Zurich*. (Paris, 1890.) *La Tutelle des mineurs et les Conseils de famille* (Recueil publié par la Faculté de droit de Lausanne). (Lausanne, 1896.)

Levé. — *Code civil espagnol*. (Paris, 1890.)

Meulenaere (De). — *Code civil allemand*. (Paris, 1897.)

Trippels. — *Les Codes néerlandais*. (Paris, 1886.)

Annuaire de Législation étrangère (Années 1876, 1878, 1888, 1889).

Bulletin de la Société de Législation comparée, t. VII, XIV, XIX.

Vu :

Le Président de la thèse,

J. BRISSAUD.

Vu : Le Doyen ,

J. PAGET.

Vu et permis d'imprimer :

Toulouse, le 6 juin 1900.

Le Recteur,

Président du Conseil de l'Université.

PERROUD.

TABLE DES MATIÈRES

PREMIÈRE PARTIE

CHAPITRE PREMIER

CHAPITRE II

CHAPITRE TROISIÈME

DEUXIÈME PARTIE

Toulouse. — Imp. MARQUÈS et Cie, boulevard de Strasbourg, 22

www.ingramcontent.com/pod-product-compliance
Ingram Content Group UK Ltd.
Pitfield, Milton Keynes, MK11 3LW, UK
UKHW021154260726
13994UKWH00001B/464

9 782329 367972